MW00804210

SCHIRMER'S LIBRARY
OF MUSICAL CLASSICS

Vol. 2105

Claude Debussy

The Ultimate Piano Collection

78 Pieces

ISBN 978-1-4803-3279-9

G. SCHIRMER, Inc.

DISTRIBUTED BY

HAL•LEONARD®
CORPORATION

7777 W. BLUEMOUND RD. P.O. BOX 13819 MILWAUKEE, WI 53213

www.musicsalesclassical.com
www.halleonard.com

CONTENTS

BALLADE

Claude Debussy

a tempo

rit.

p   pp   pp

p   pp

pp

mo   _   ren   _   do

Animando poco a poco

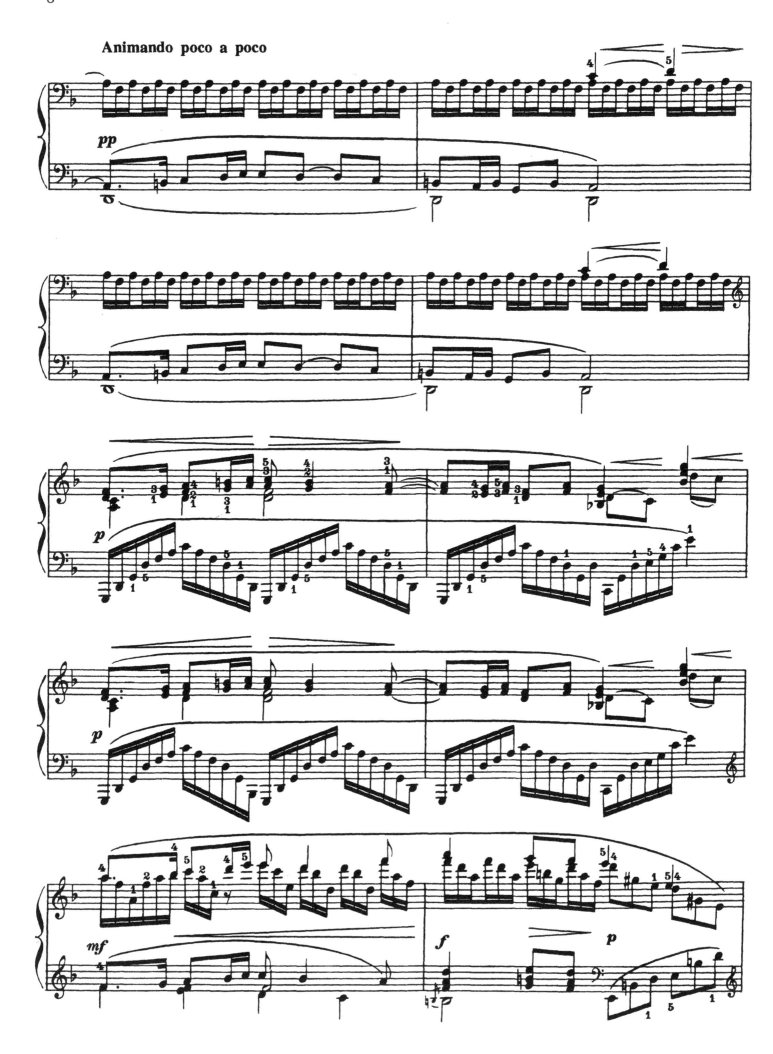

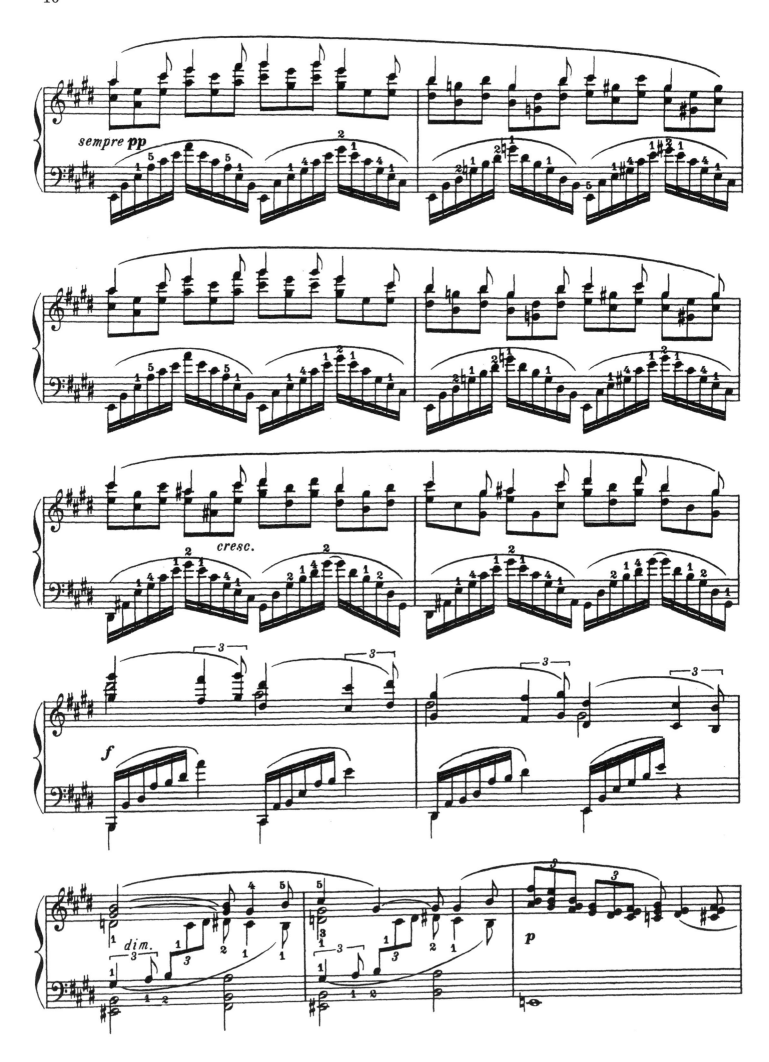

BERCEUSE HÉROÏQUE

Claude Debussy

Più calmo

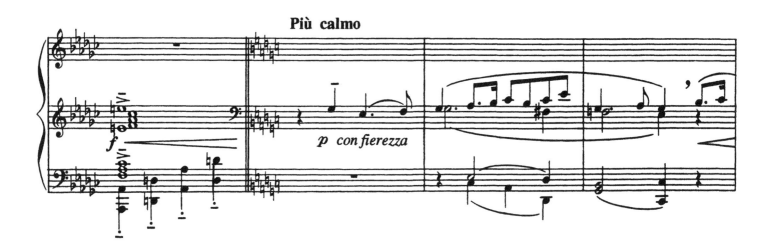

Tornare poco a poco al Tempo primo

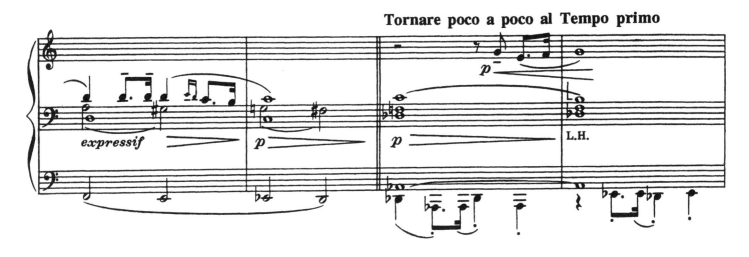

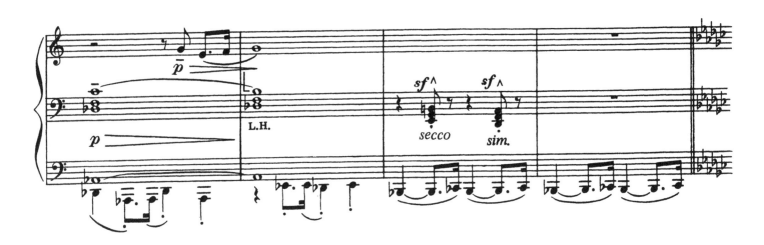

CHILDREN'S CORNER
I. Doctor Gradus ad Parnassum

Claude Debussy

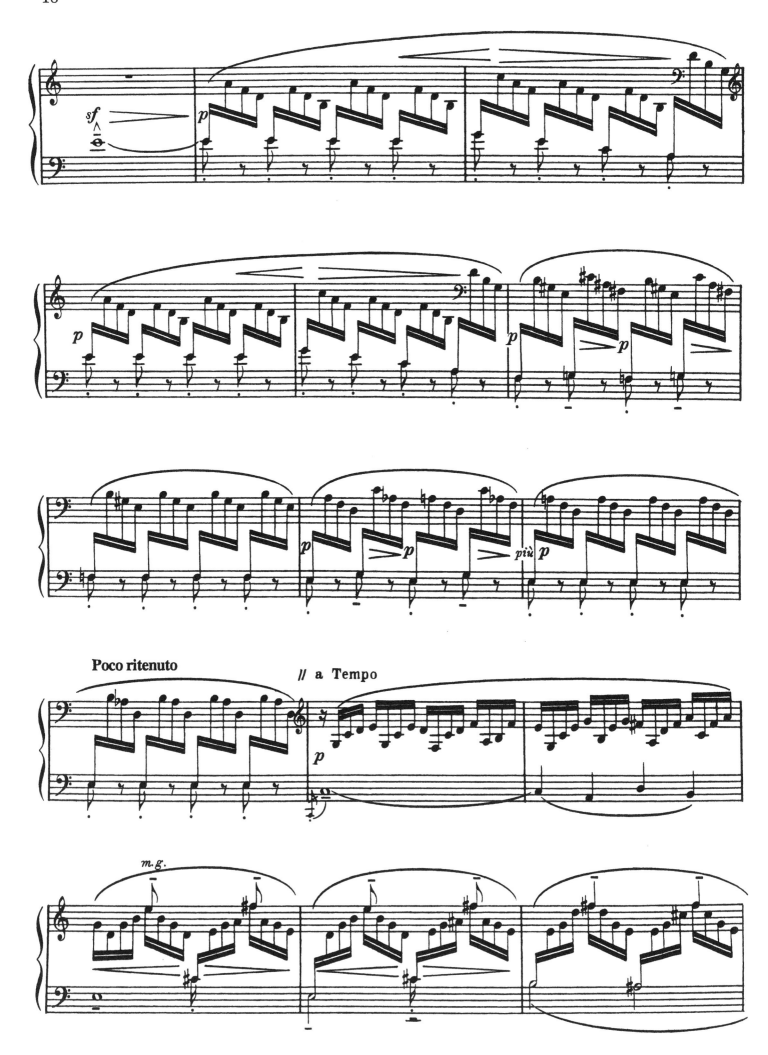

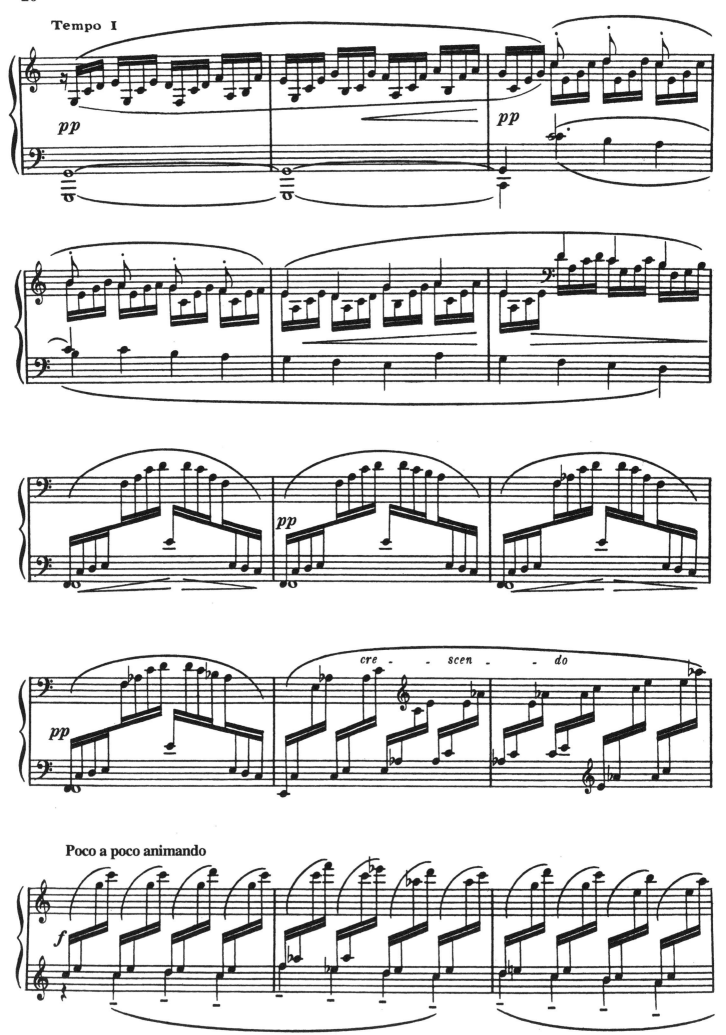

Molto animato

II. Jimbo's Lullaby

III. Serenade for the Doll

poco a poco crescendo

Poco ritenuto

Tempo I

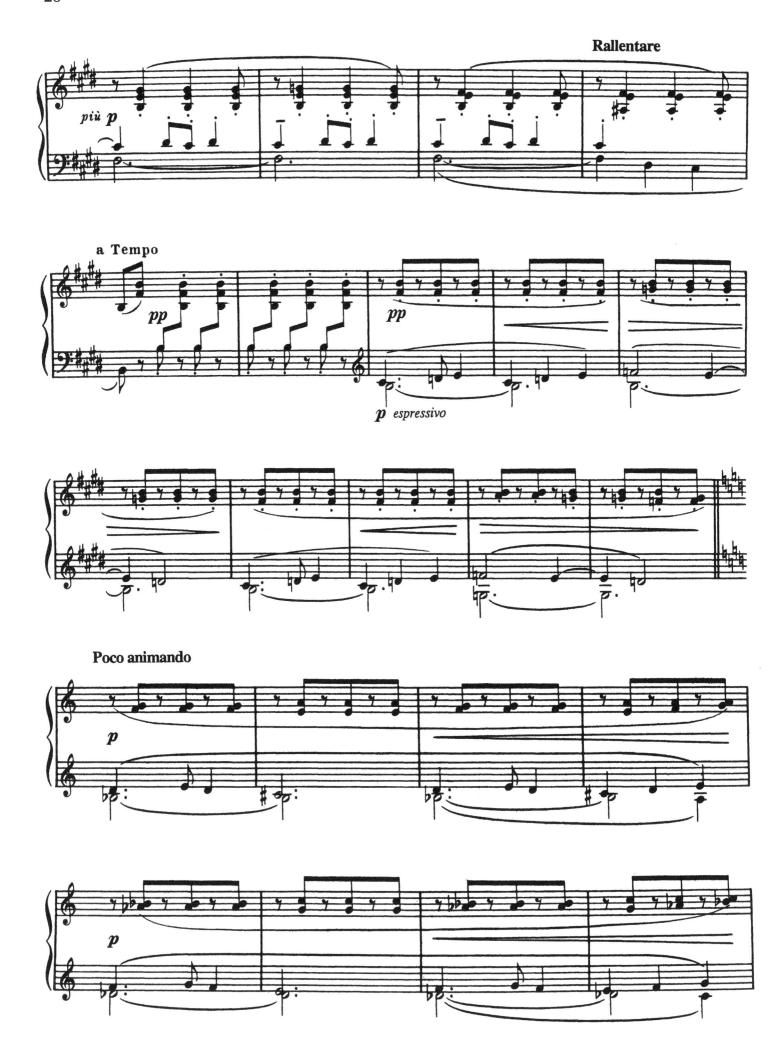

Tempo I

Senza rallentare

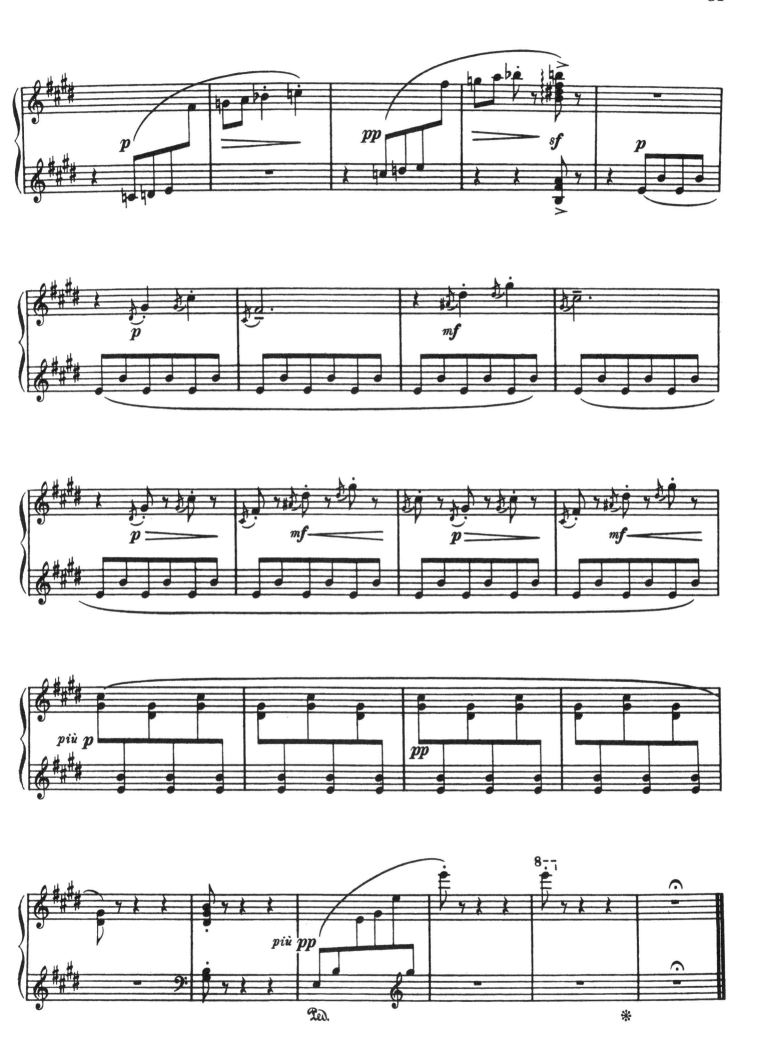

IV. The snow is dancing

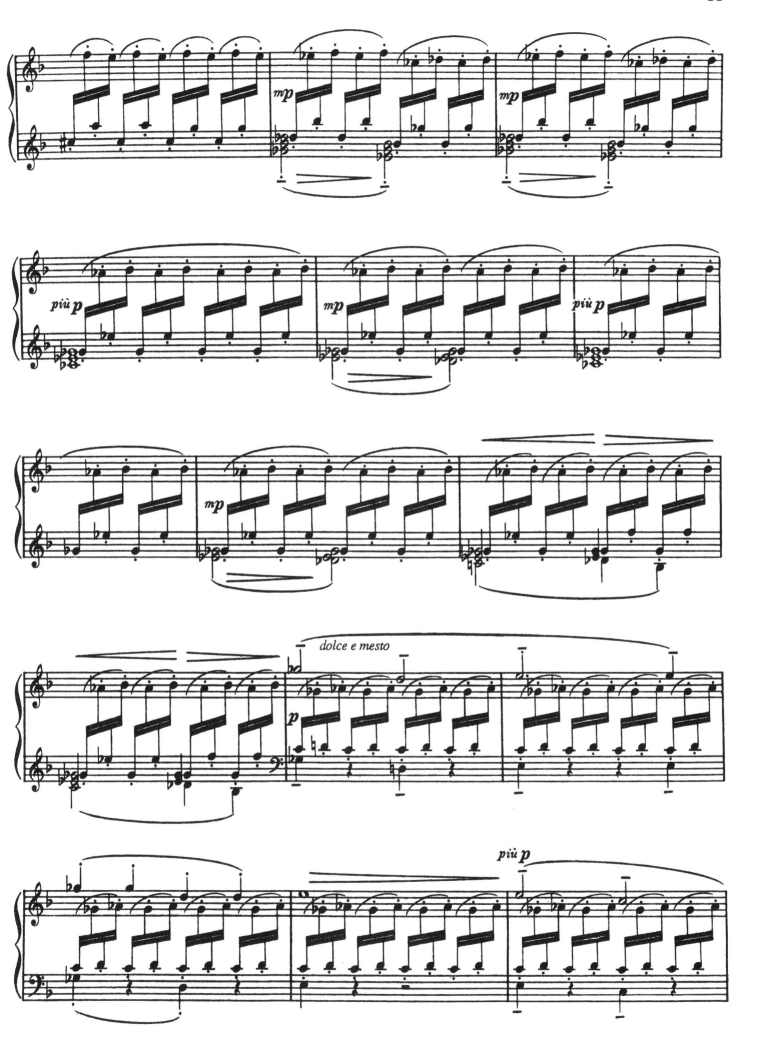

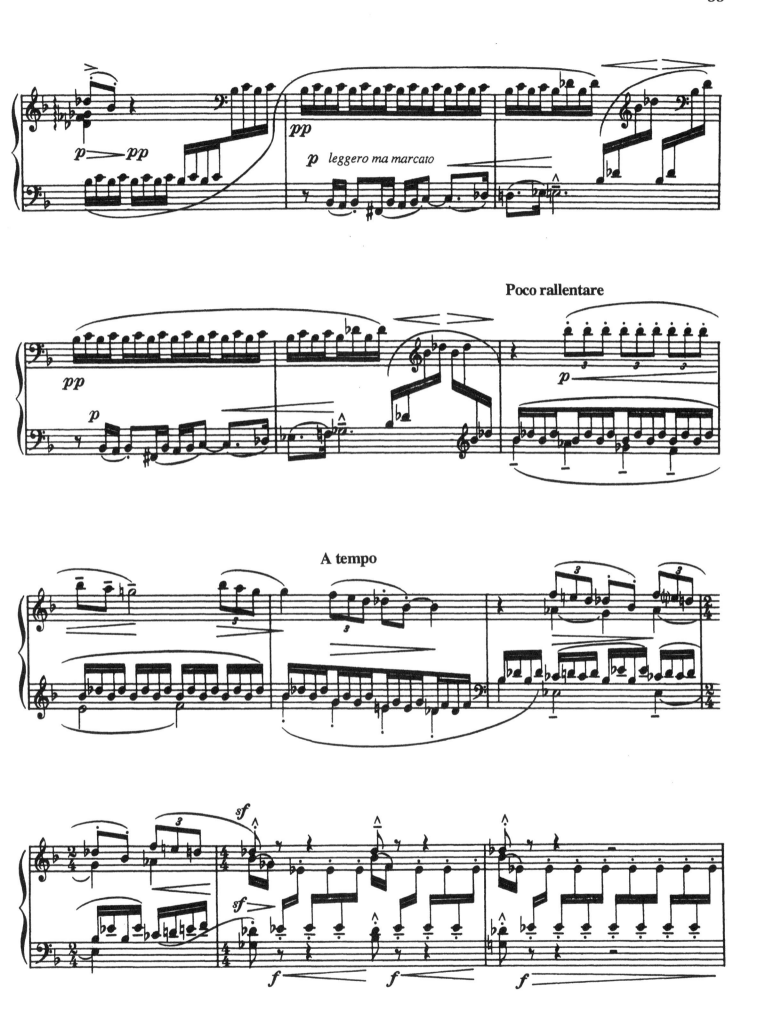

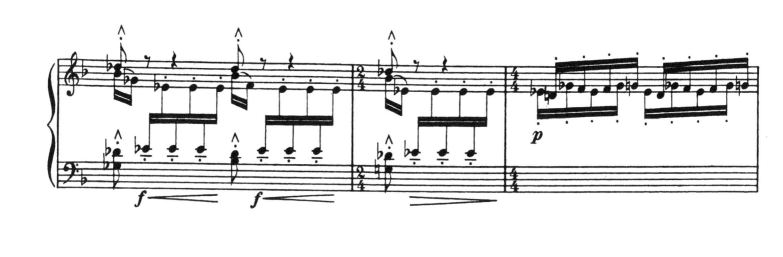

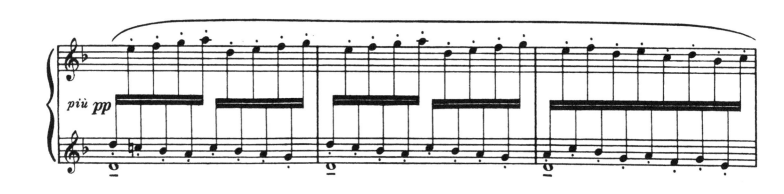

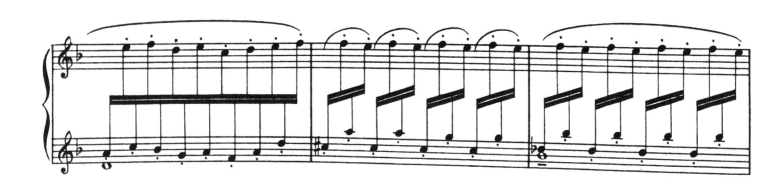

V. The little Shepherd

VI. Golliwogg's Cake-walk

DANSE
(Tarantelle styrienne)

Claude Debussy

DANSE BOHÉMIENNE

Claude Debussy

DEUX ARABESQUES

Première Arabesque

Claude Debussy

Tempo rubato *(un peu moins vite) (somewhat slower)*

Deuxième Arabesque

…D'UN CAHIER D'ESQUISSES

Claude Debussy

ESTAMPES
Pagodes

Claude Debussy

La soirée dans Grenade

Jardins sous la pluie

Netto e vivo

Tempo 1 (con meno rigore)

Tempo animando fin' alla fine

ÉTUDES
Livre I

Claude Debussy

I. Pour le cinq doigts d'après Monsieur Czerny

II. Pour les tierces

III. Pour les quartes

IV. Pour les sixtes

V. Pour les octaves

Joyous and carried away, rhythmically free

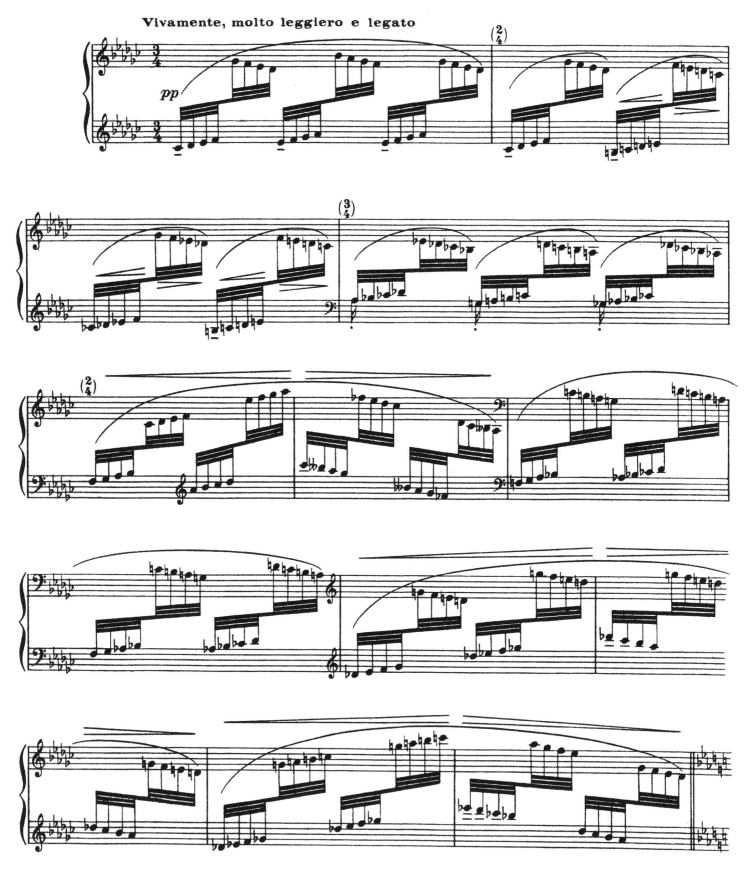

VI. Pour les huit doigts

In this étude, the use of the thumb is made awkward by the changing position of the hands. To use the thumb in performing this étude would require the pianist to be an acrobat.

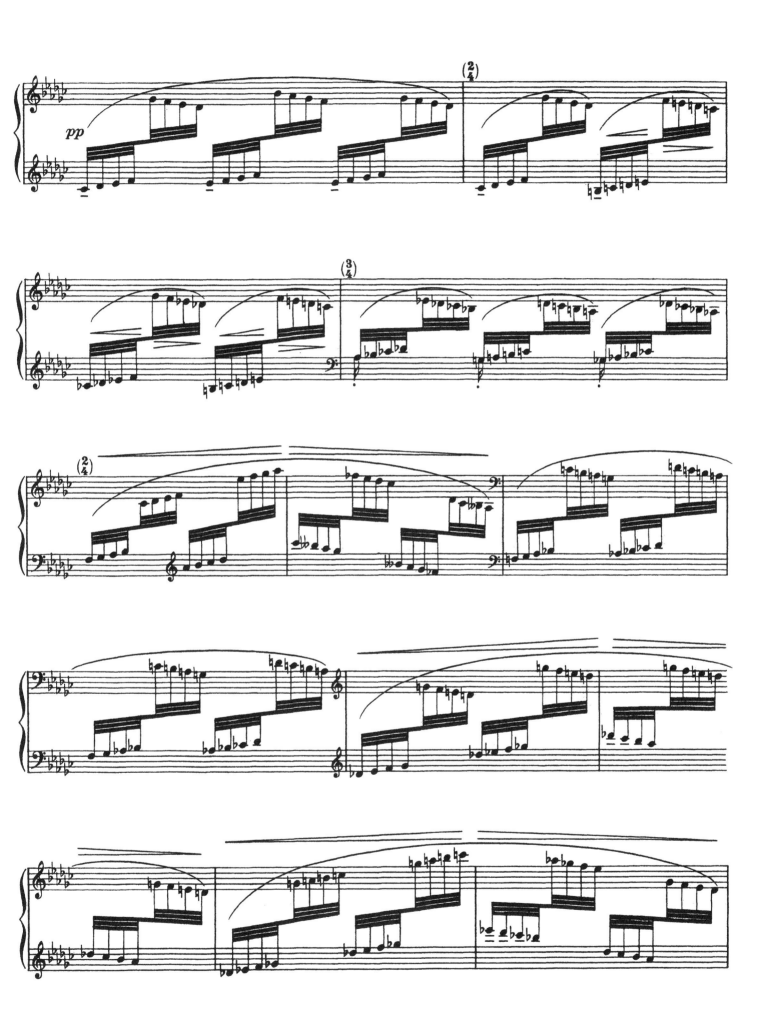

ÉTUDES
Livre II

Claude Debussy

VII. Pour les degrés chromatiques

VII. Pour les agréments

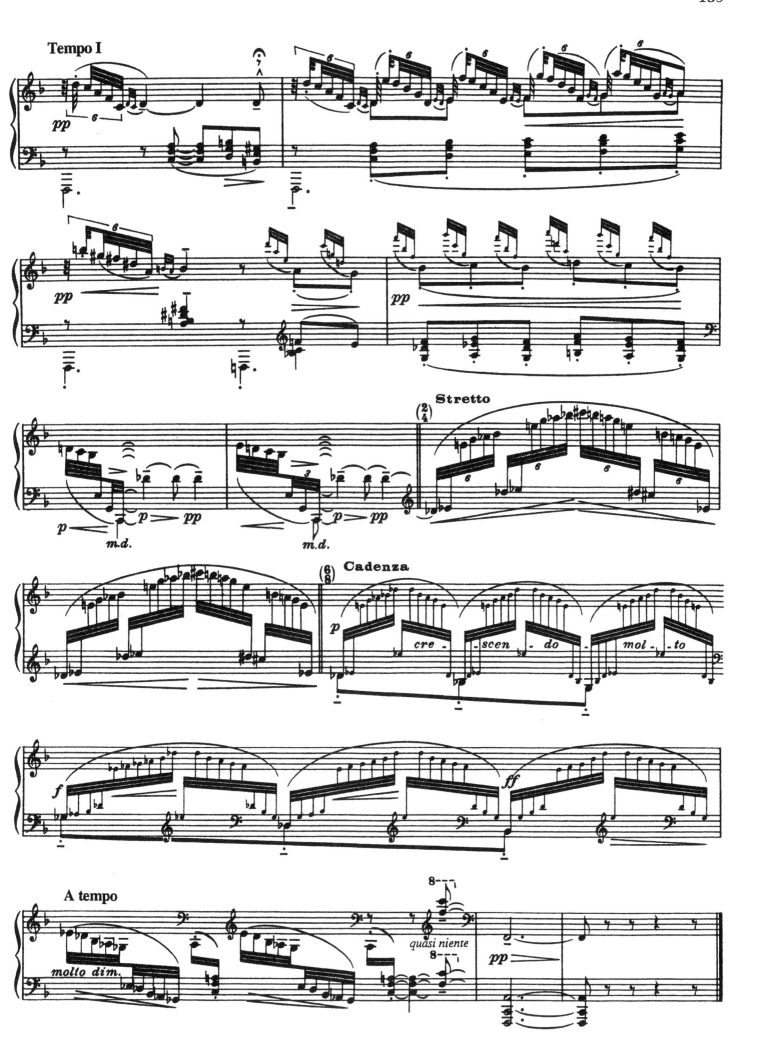

IX. Pour les notes répétées

X. Pour les sonorités opposées

XI. Pour les arpèges composés

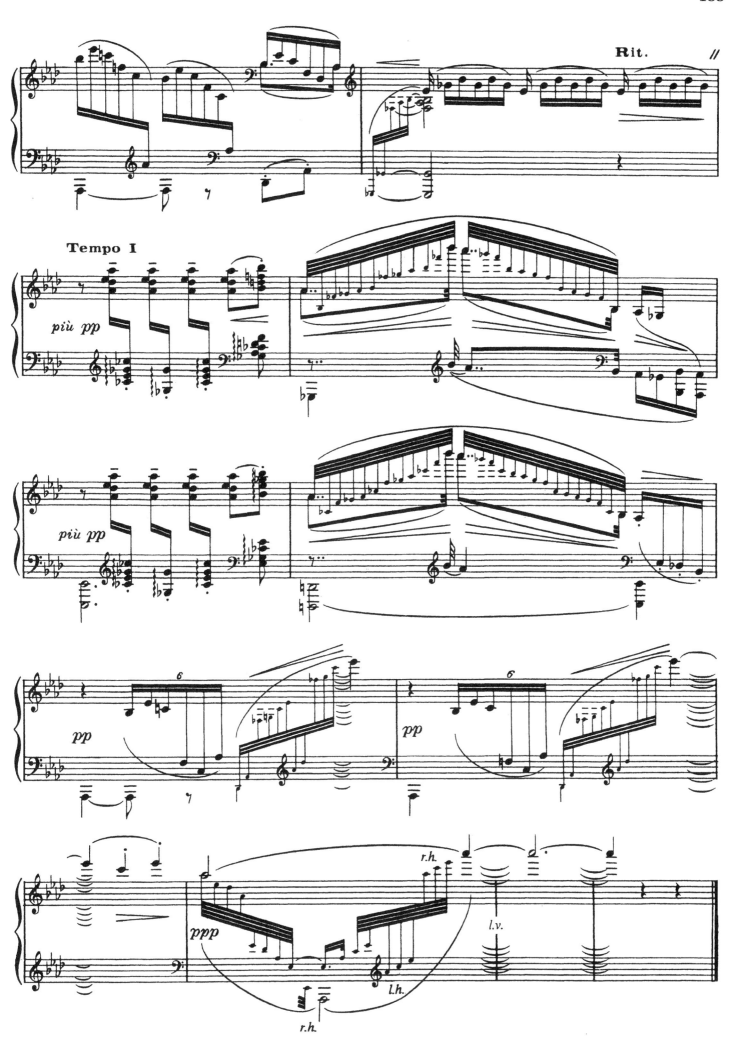

XII. Pour les accords

Deciso, ritmico, non pesante

HOMMAGE À HAYDN

Claude Debussy

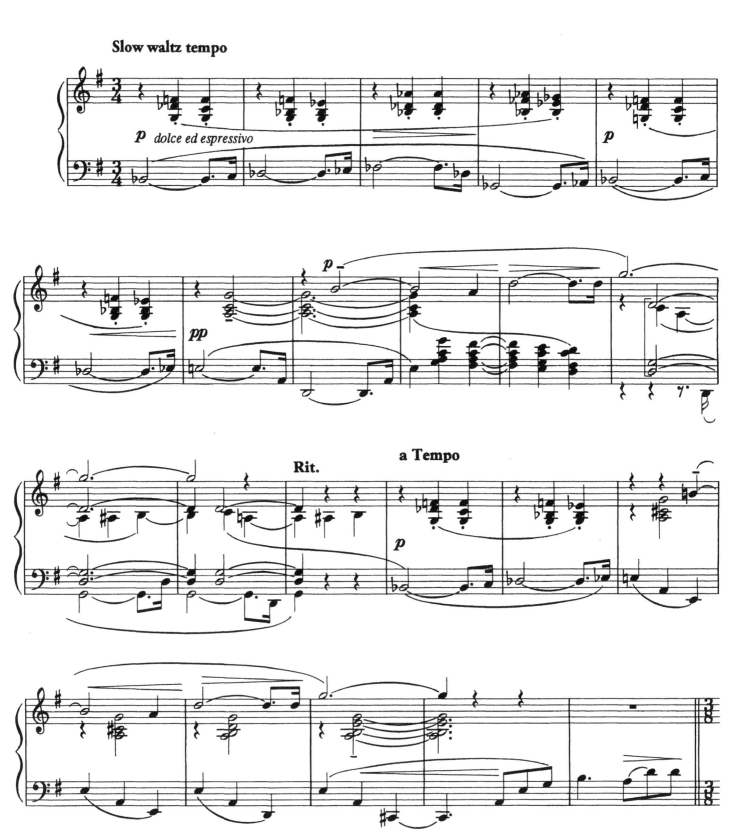

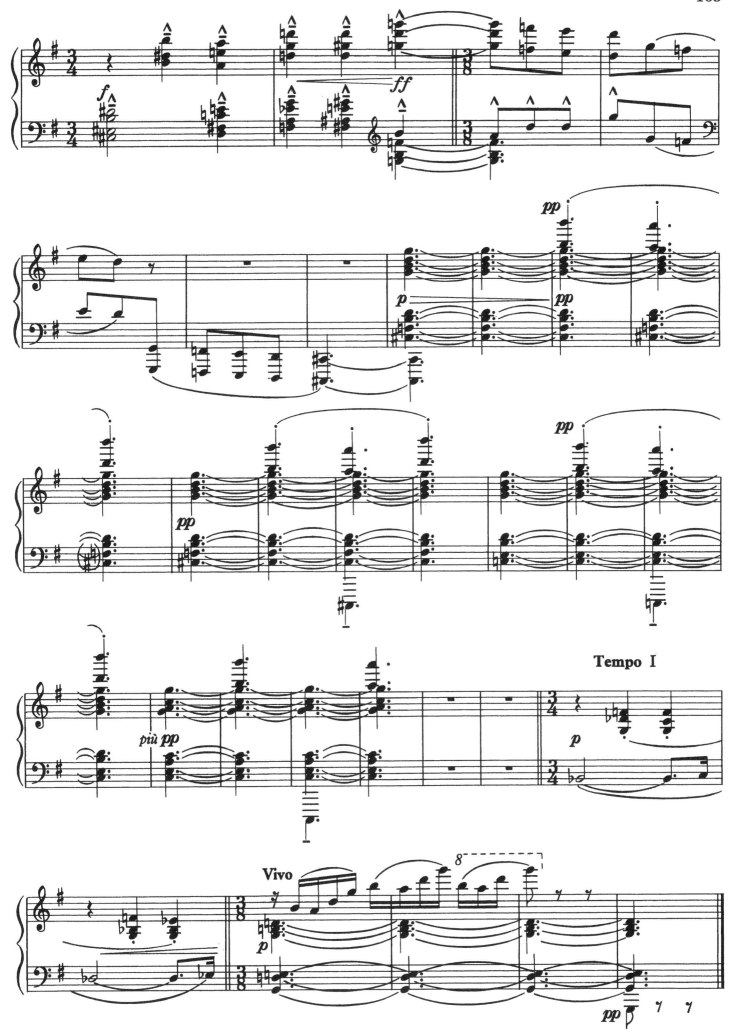

IMAGES
Series I

Claude Debussy

Reflets dans l'eau

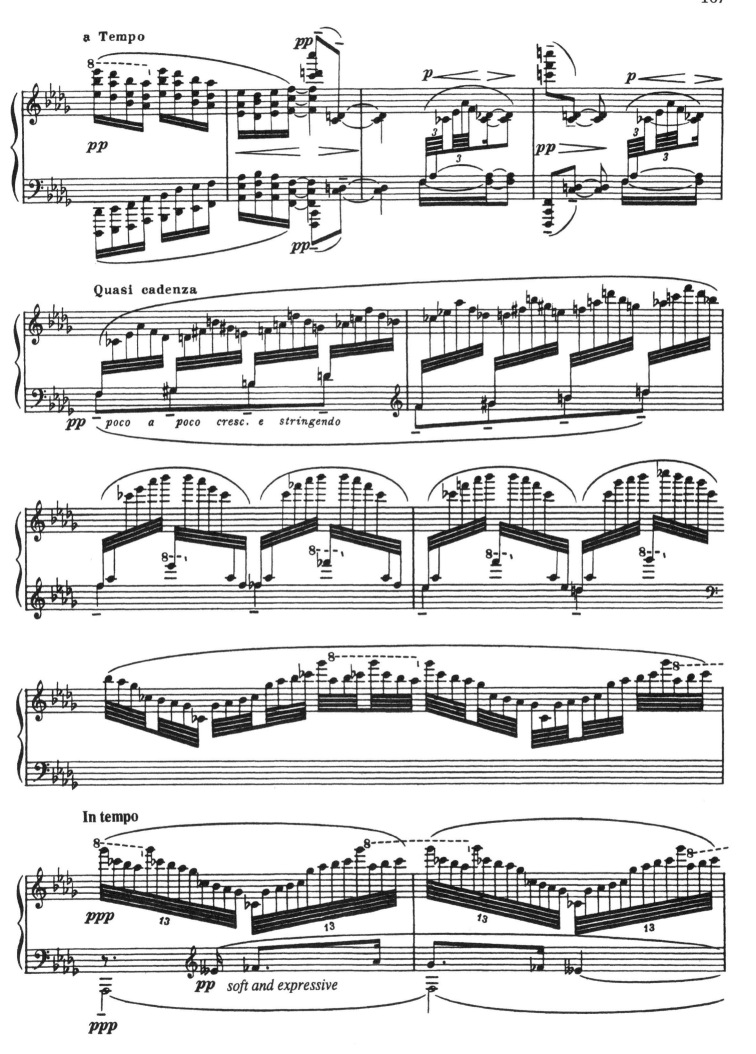

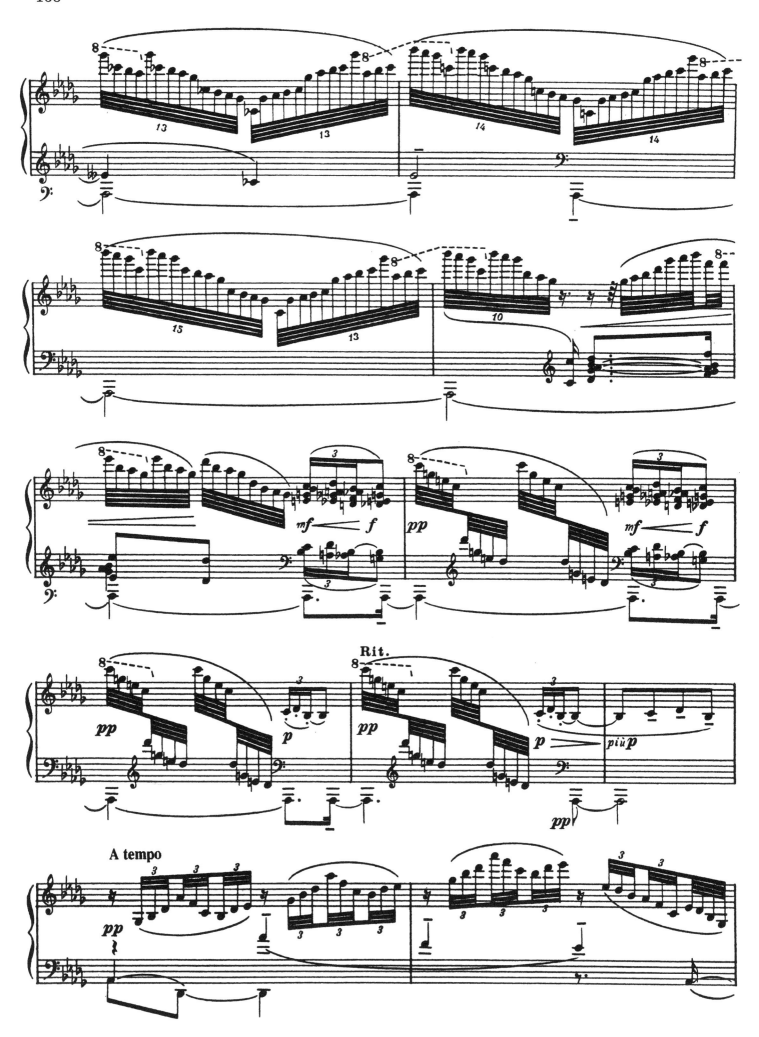

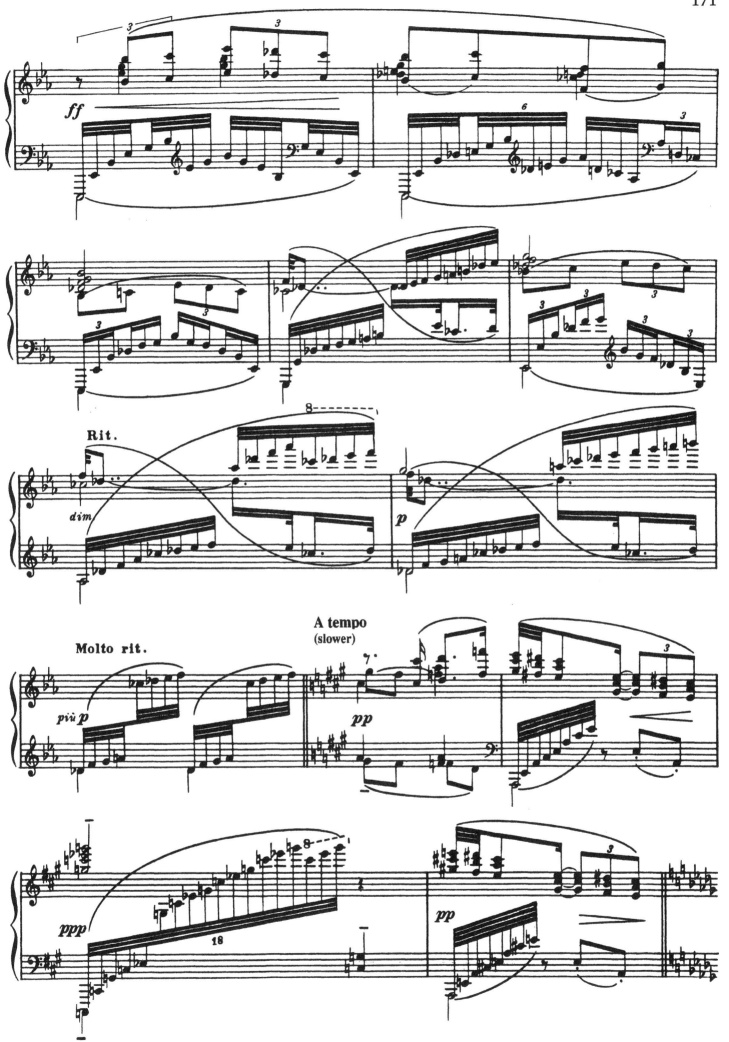

Hommage à Rameau

Slow and grave
(in the style of a Sarabande, but without stiffness)

Mouvement

Animato (with capricious but accurate lightness)

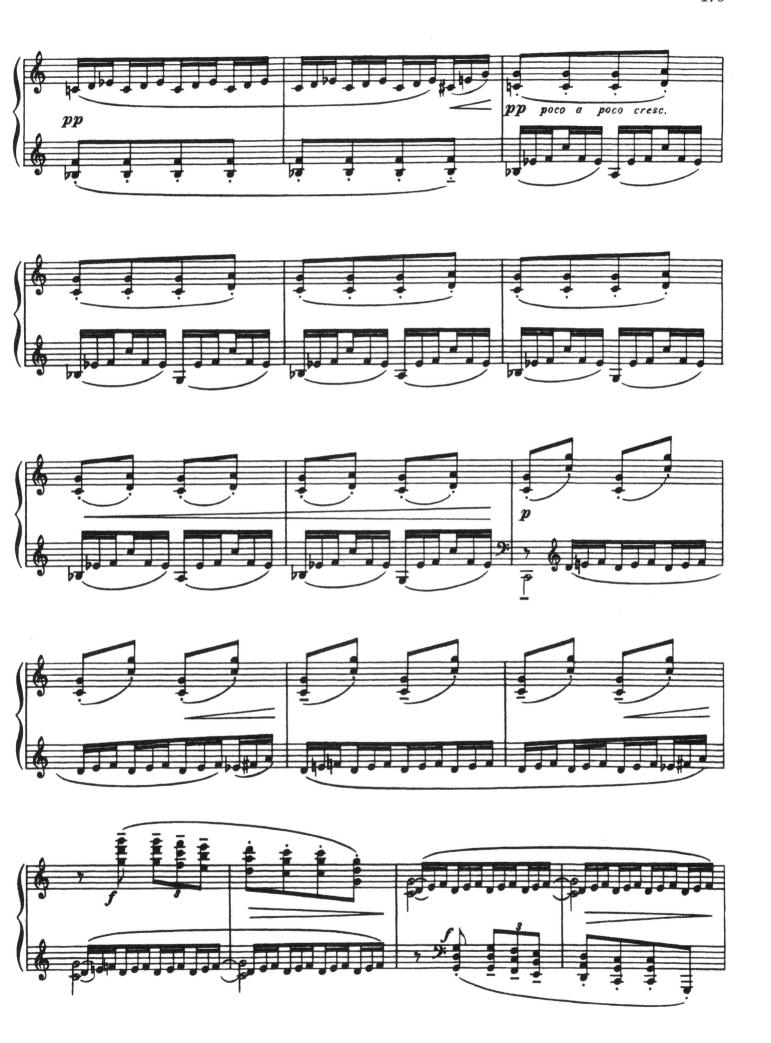

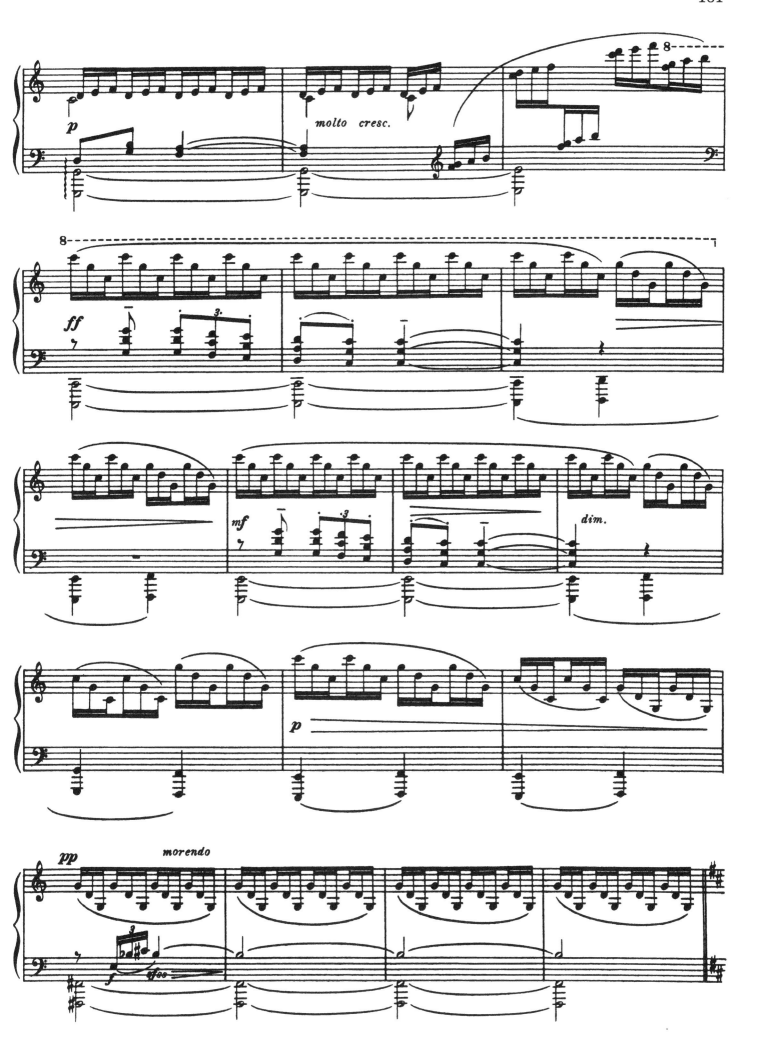

*Notes marked – should be sonorous but without hardness,
the other notes very light but without dryness.*

slightly in relief

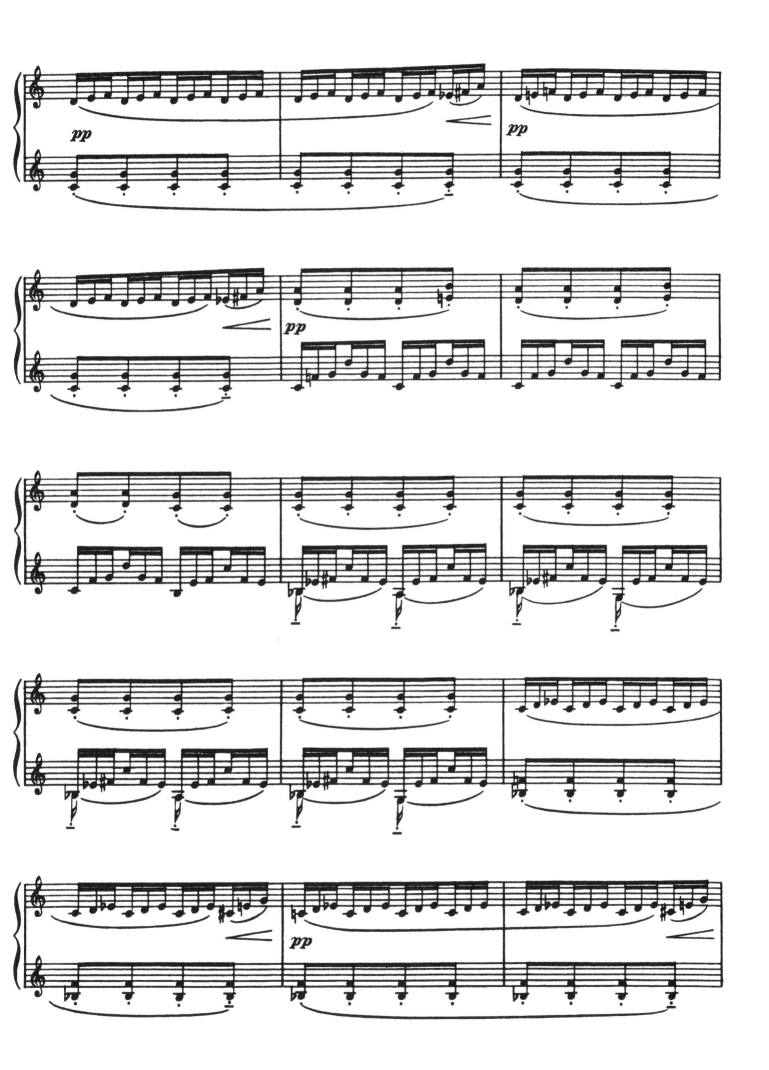

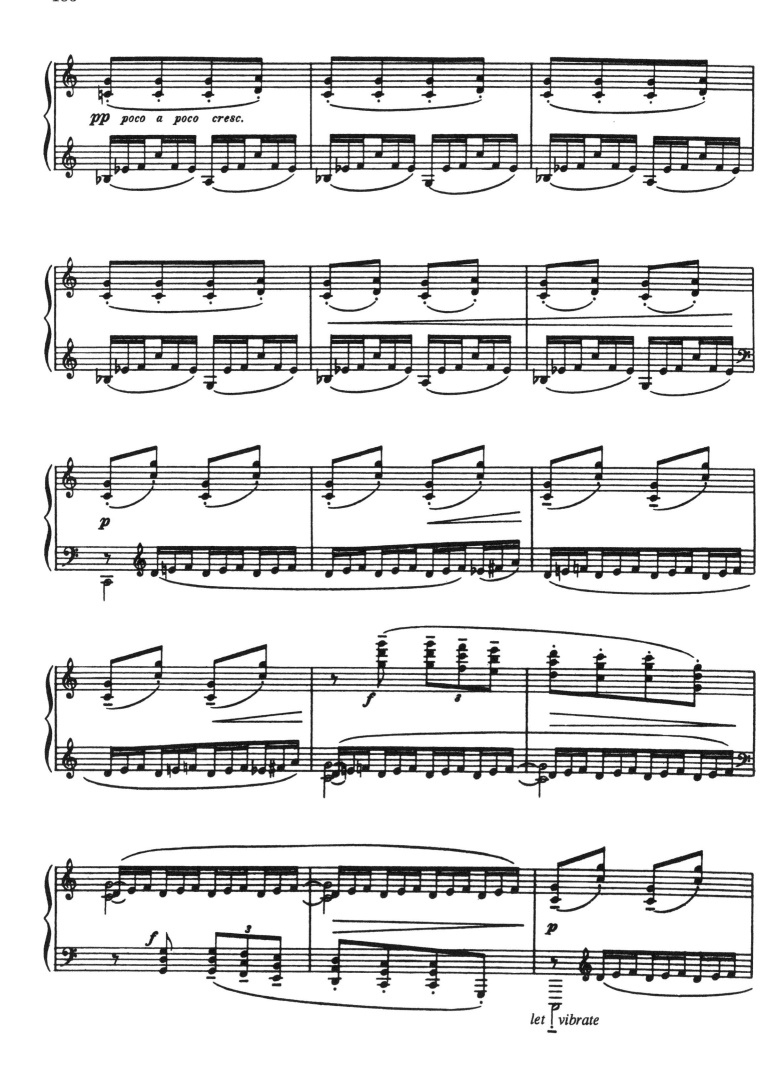

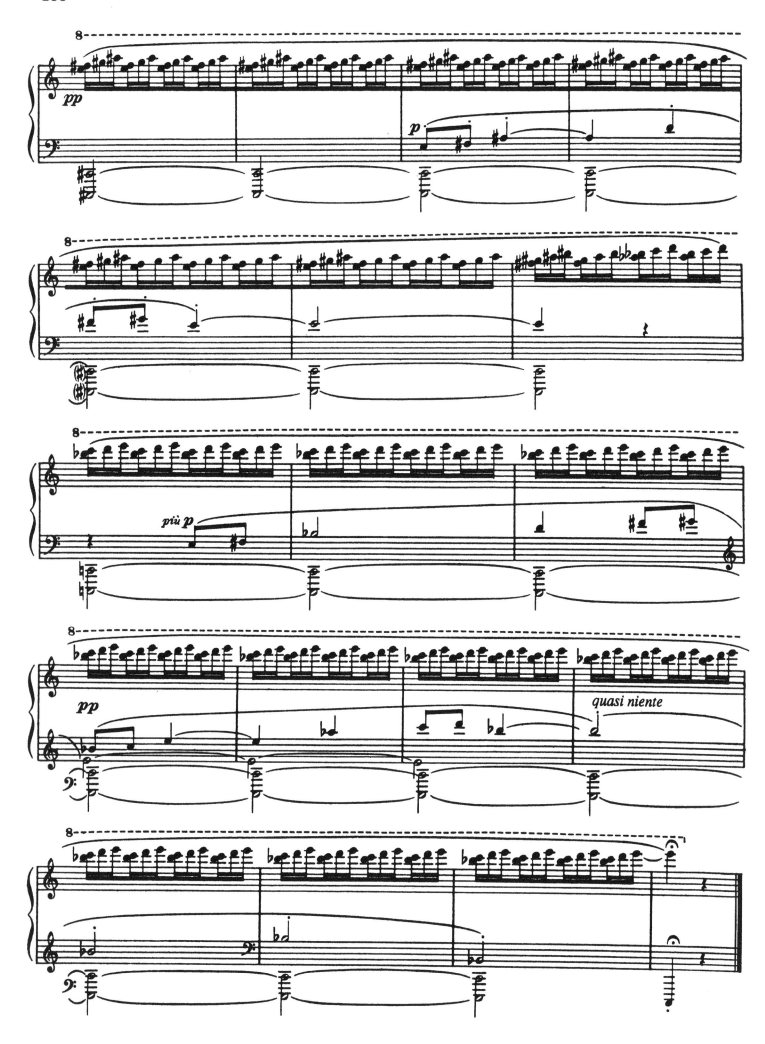

IMAGES
Series II

Claude Debussy

Cloches à travers les feuilles

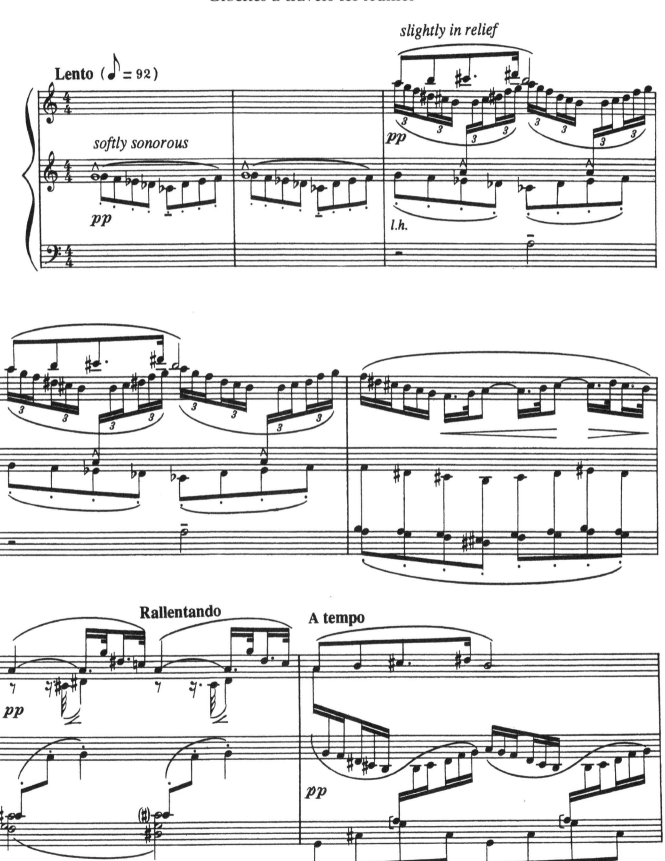

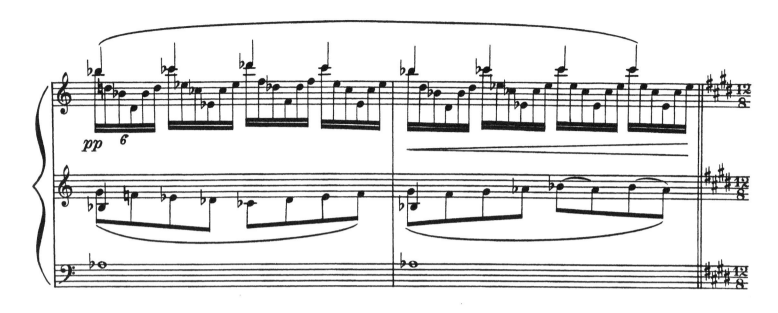

Poco animato; brighter

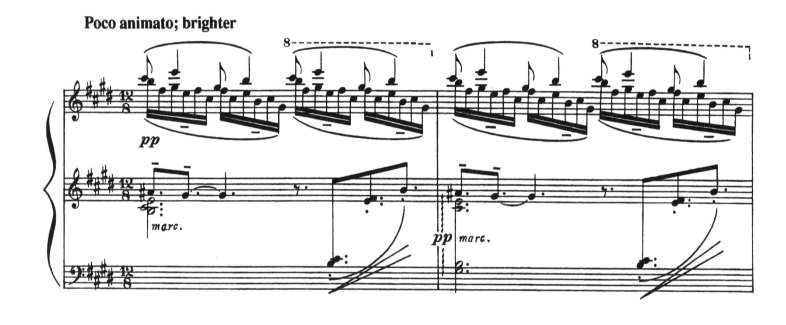

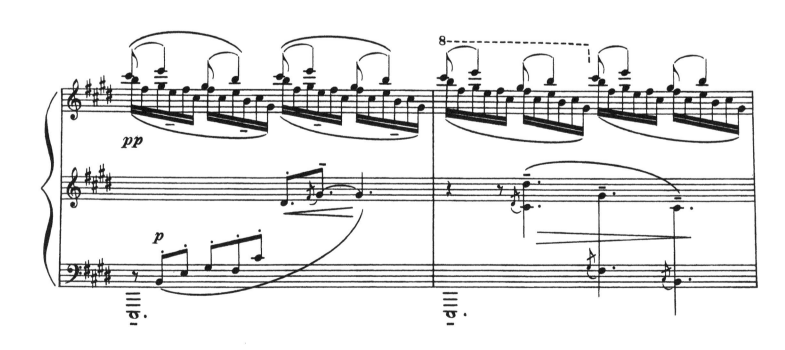

Et la lune descend sur le temple qui fût

Poissons d'or

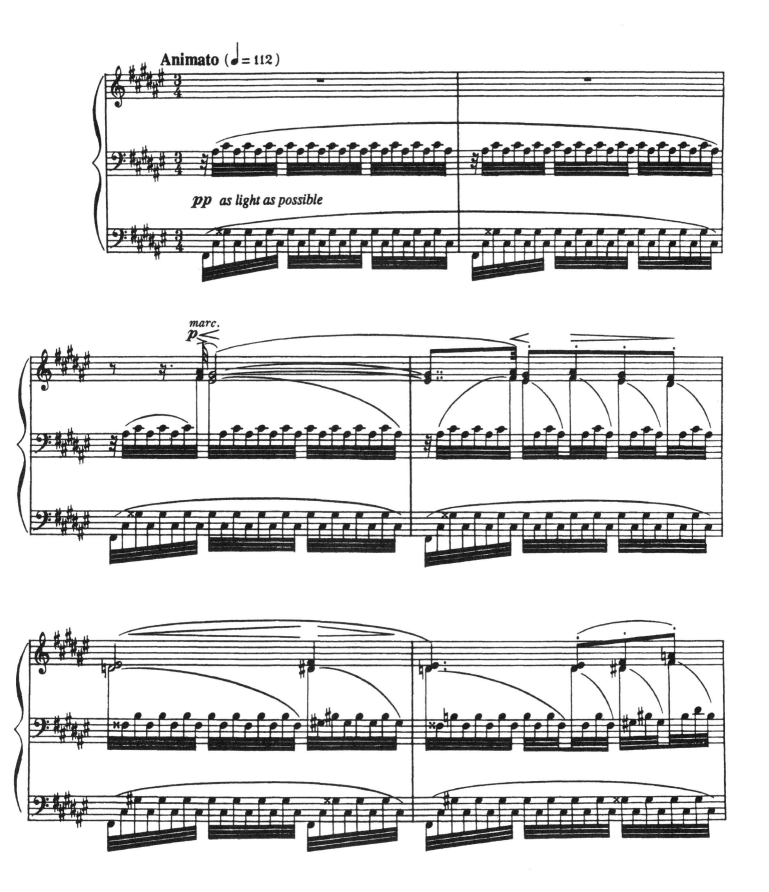

As before (espressivo and without stiffness)

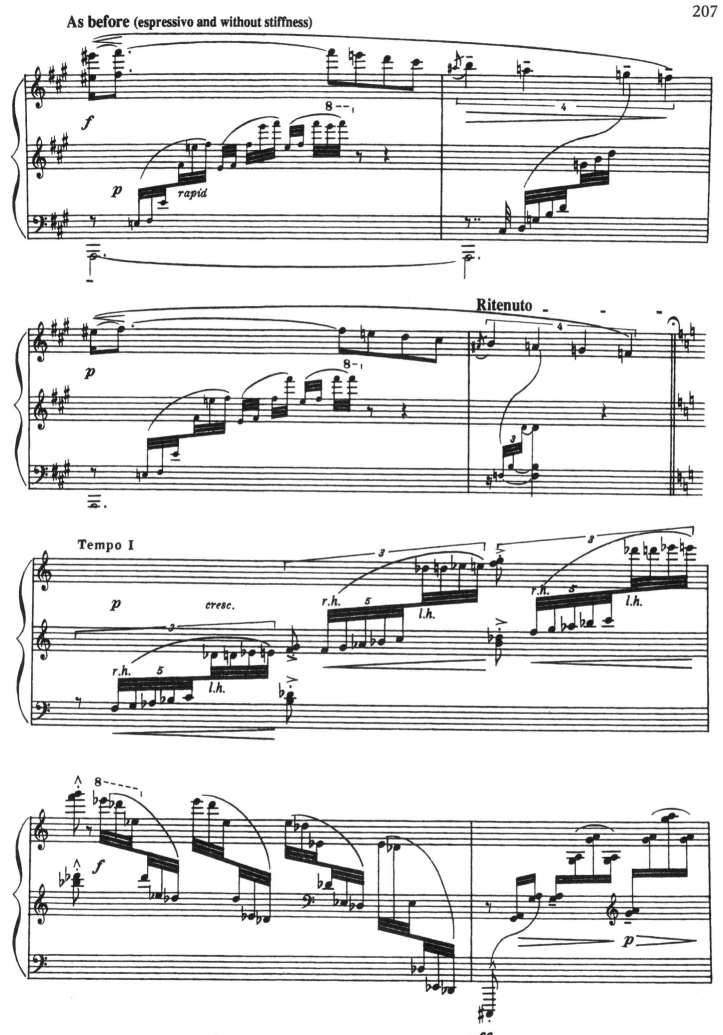

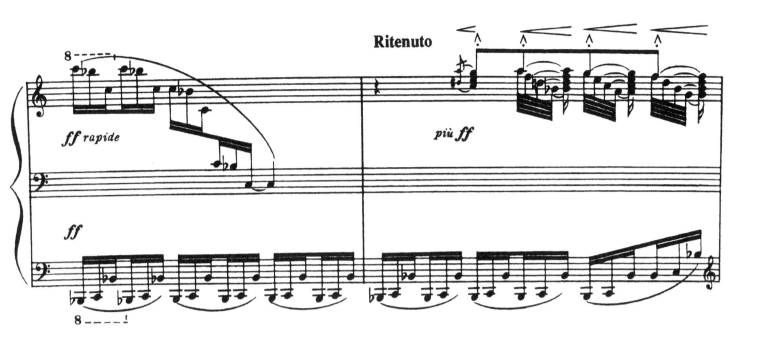

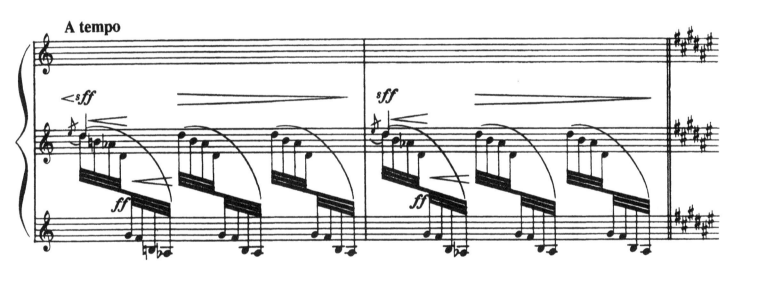

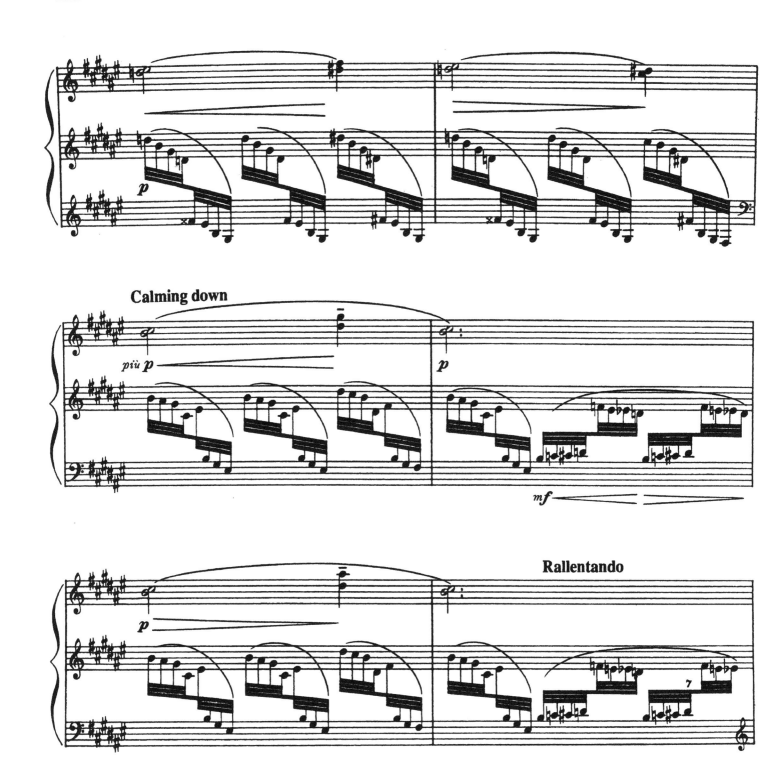

Calming down

Rallentando

Begin below tempo

pp scherzando

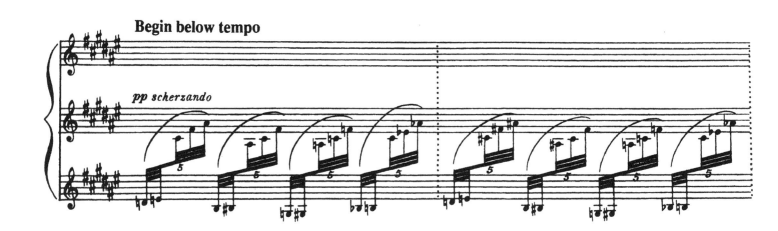

A tempo and accelerating from here to the end

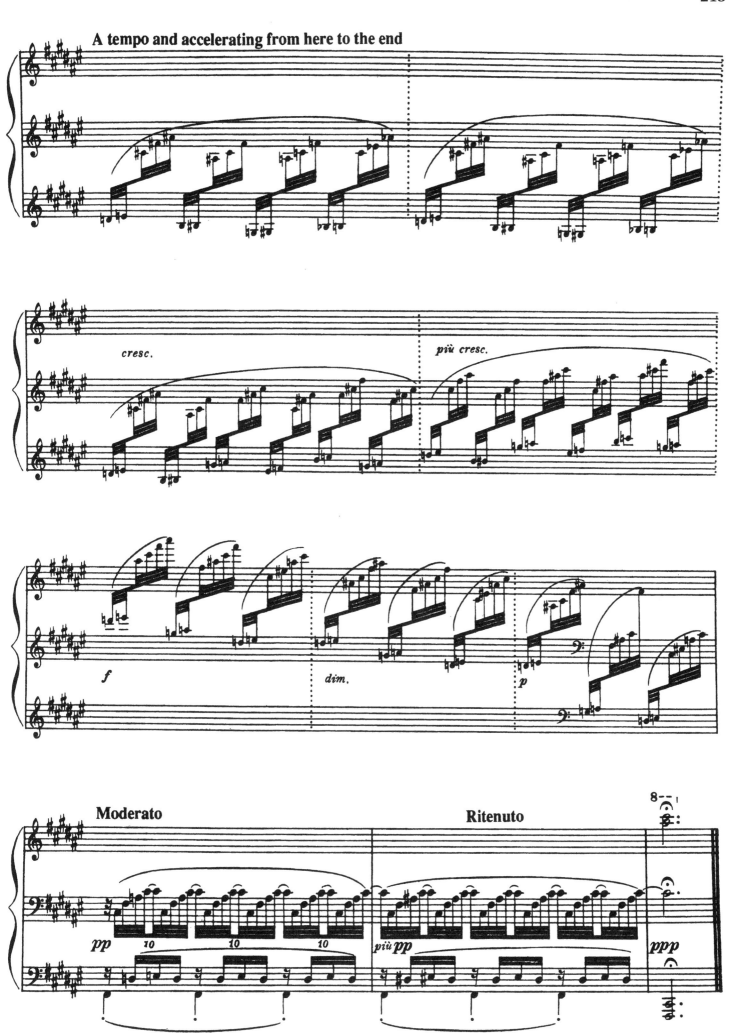

LA PLUS QUE LENTE

Claude Debussy

Lento (Molto rubato con morbidezza)

LE PETIT NÈGRE

Claude Debussy

a Tempo

L'ISLE JOYEUSE

Claude Debussy

un peu en dehors
(somewhat marked)

Un peu cédé. Molto rubato
(Somewhat slower)

ondoyant et expressif
p (undulating and expressive)

très animé jusqu'à la fin
(very animated to the end)

MASQUES

Claude Debussy

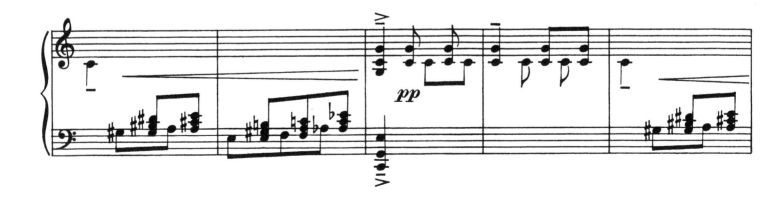

la basse en dehors (emphasize bass)

244

cédez un peu (a little slower)

pp

pp

più pp

pp

pp

pp

ppp

laissez vibrer pendant ces 4 mesures

MAZURKA

Claude Debussy

risoluto

* In the original edition these notes are not tied. However, it seems to have been an oversight. — note same passage at the beginning of the page.

NOCTURNE

Claude Debussy

PETITE SUITE
En Bateau

Claude Debussy

Transcribed by
Joseph Prostakoff

un peu retenu
(a little slower)

una corda

tre corde

Cortège

la basse en dehors
(bring out the bass)

Menuet

Ballet

Ossia

Tempo di Valse

POUR LE PIANO
Prélude

Claude Debussy

Assez animé et très rythmé (Quite lively and very rhythmic)

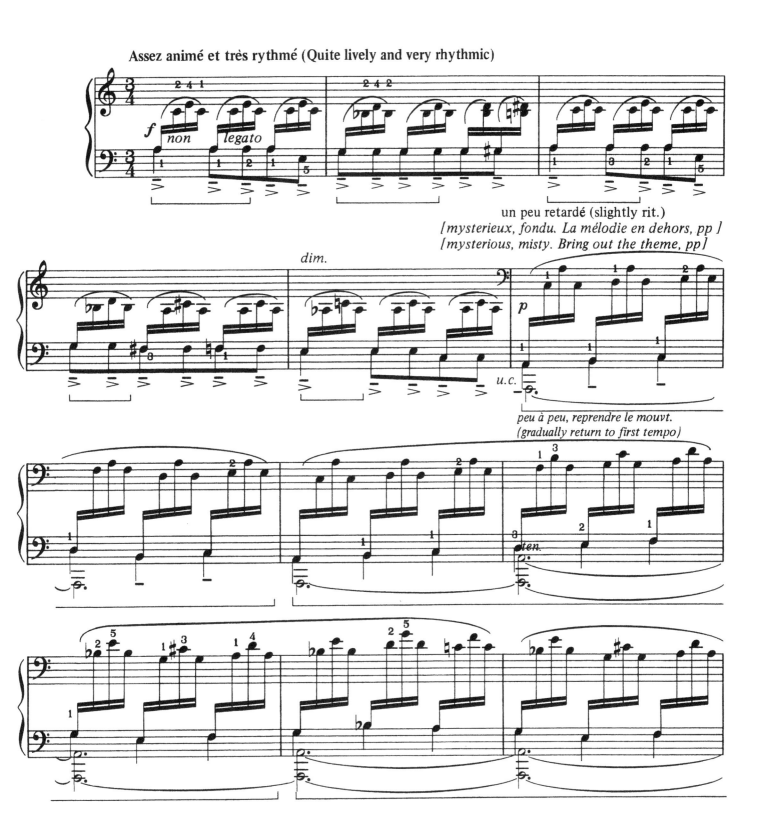

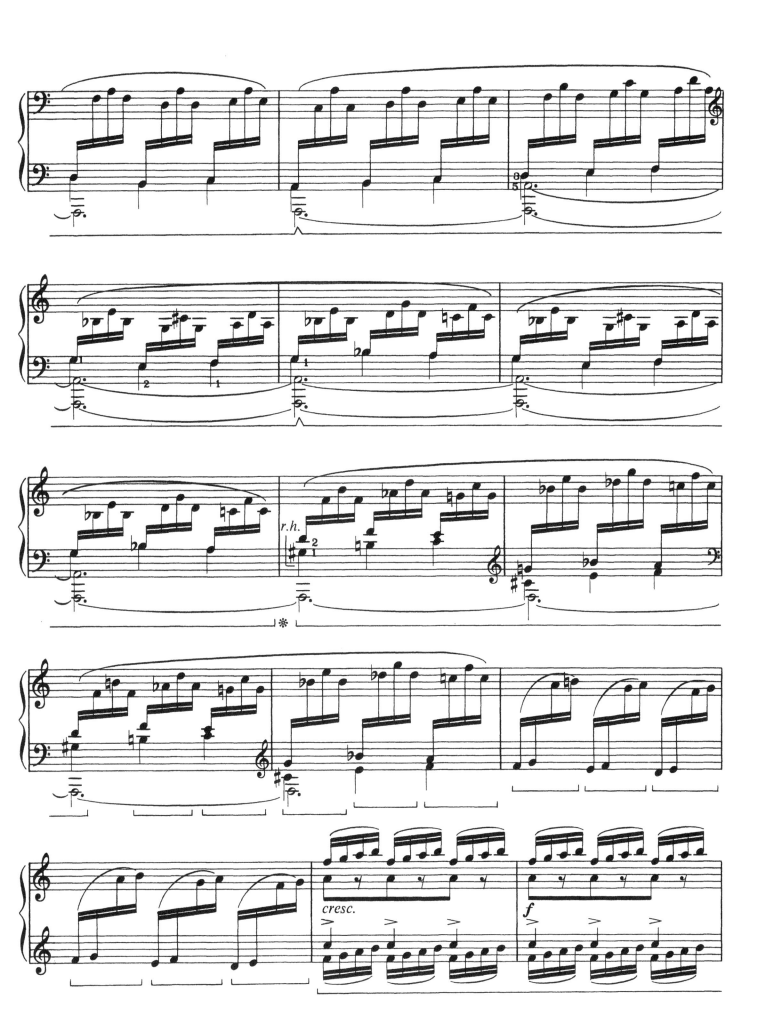

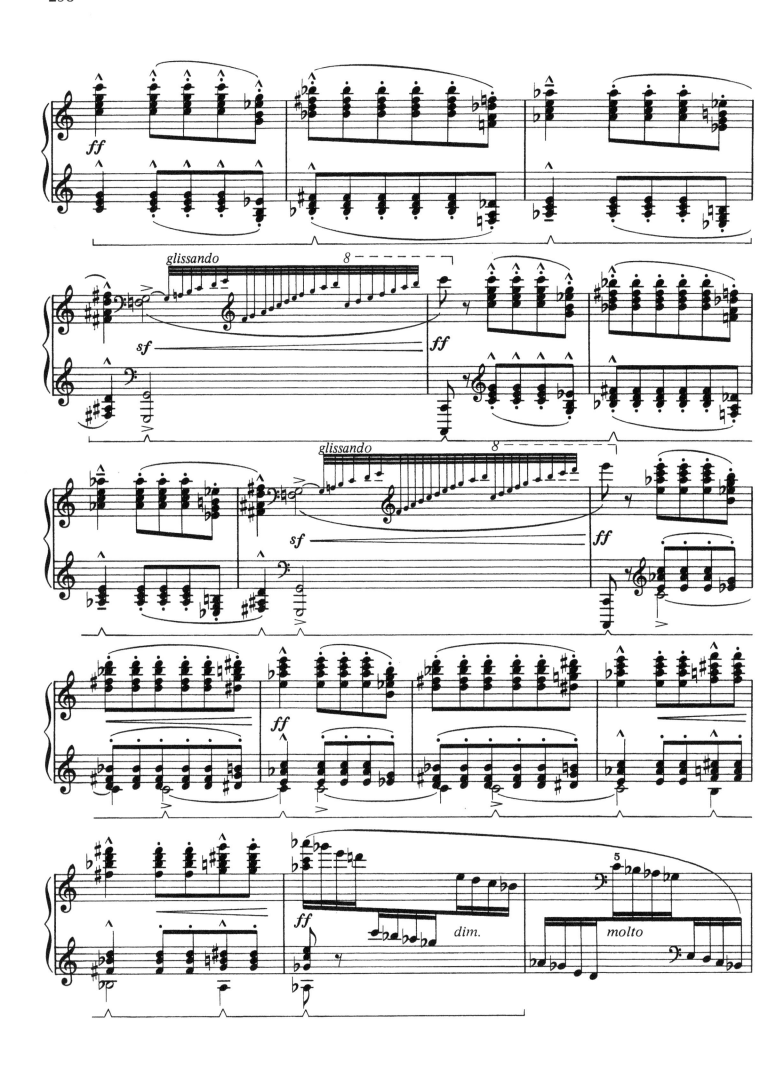

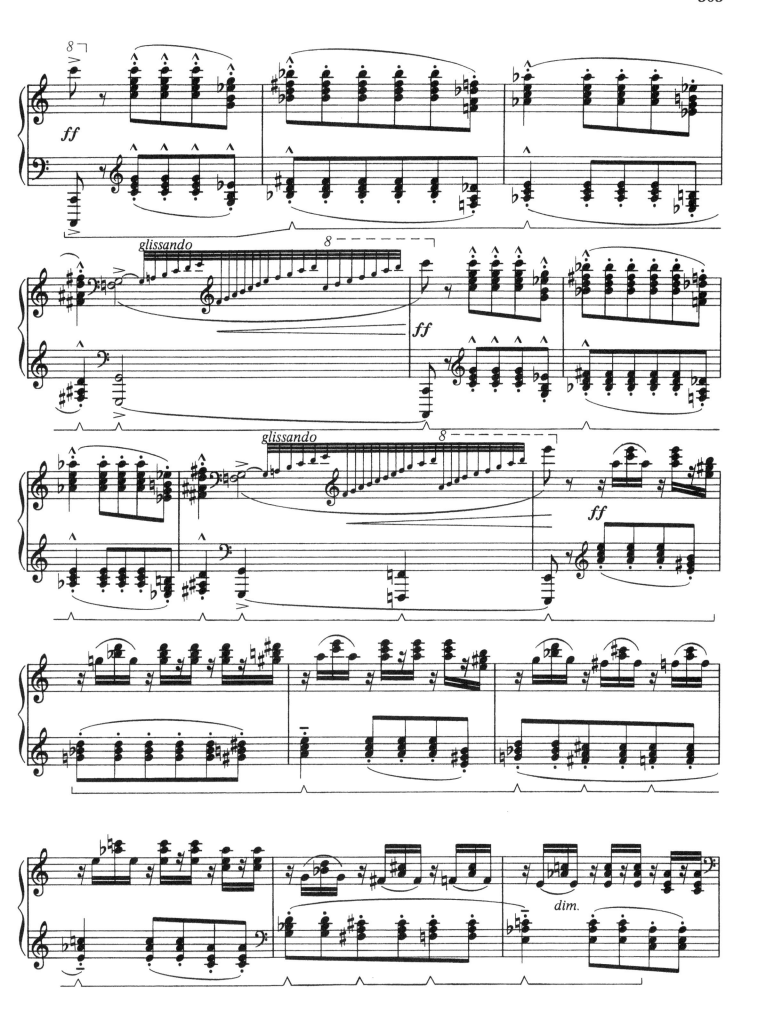

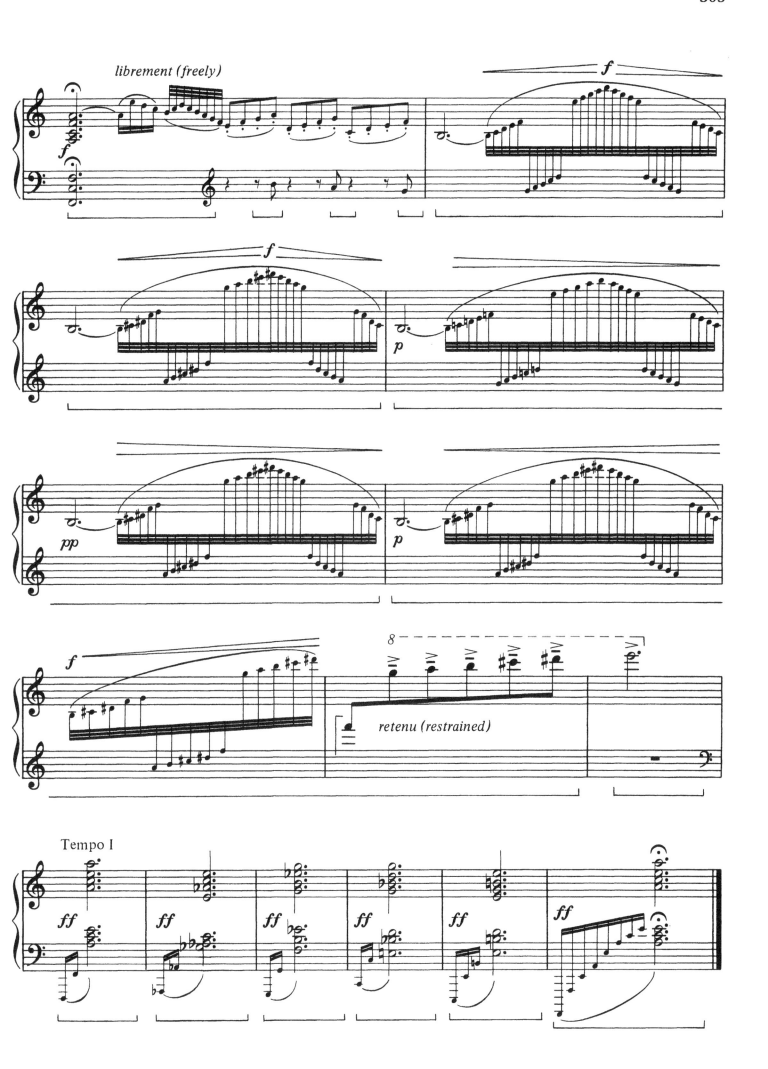

Sarabande

Avec une elegance grave et lente (elegantly, solemnly and slowly)

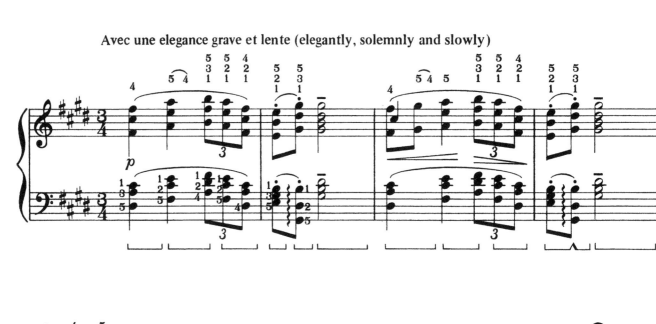

Toccata

peu a peu cre — scen — do

* arrangement pour petite mains (arrangement for small hands)

314

PRÉLUDES
Livre I

I...

Claude Debussy

(...Danseuses de Delphes)

II...

Modéré (♪ = 88)
Dans un rythme sans rigueur et caressant

(...Voiles)

III...

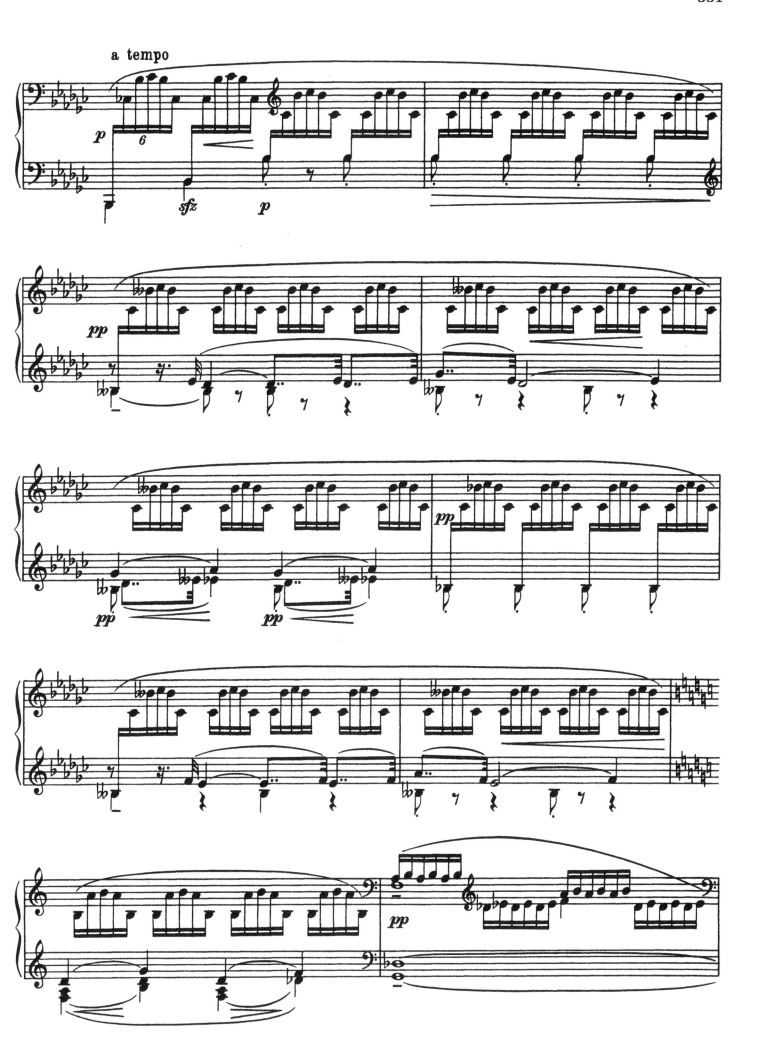

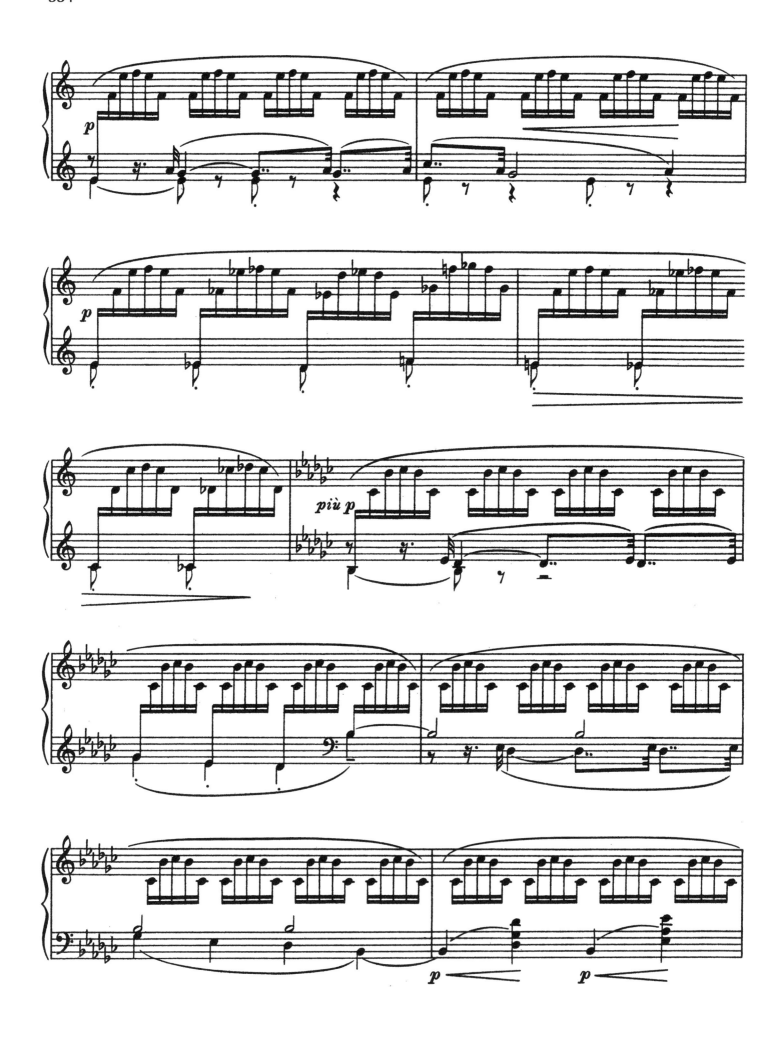

(...Le vent dans la plaine)

IV…

(..."Les sons et les parfums tournent dans l'air du soir")

Charles Baudelaire

V...

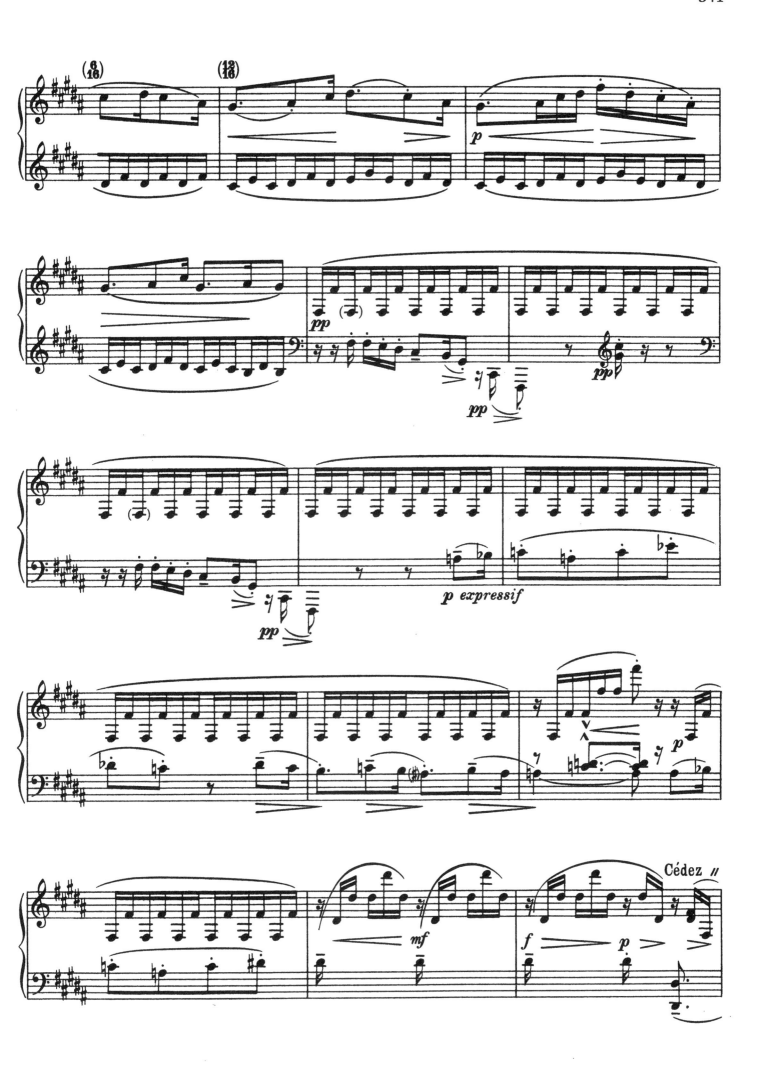

(...Les collines d'Anacapri)

VI...

(...Des pas sur la neige)

VII...

Animé et tumultueux

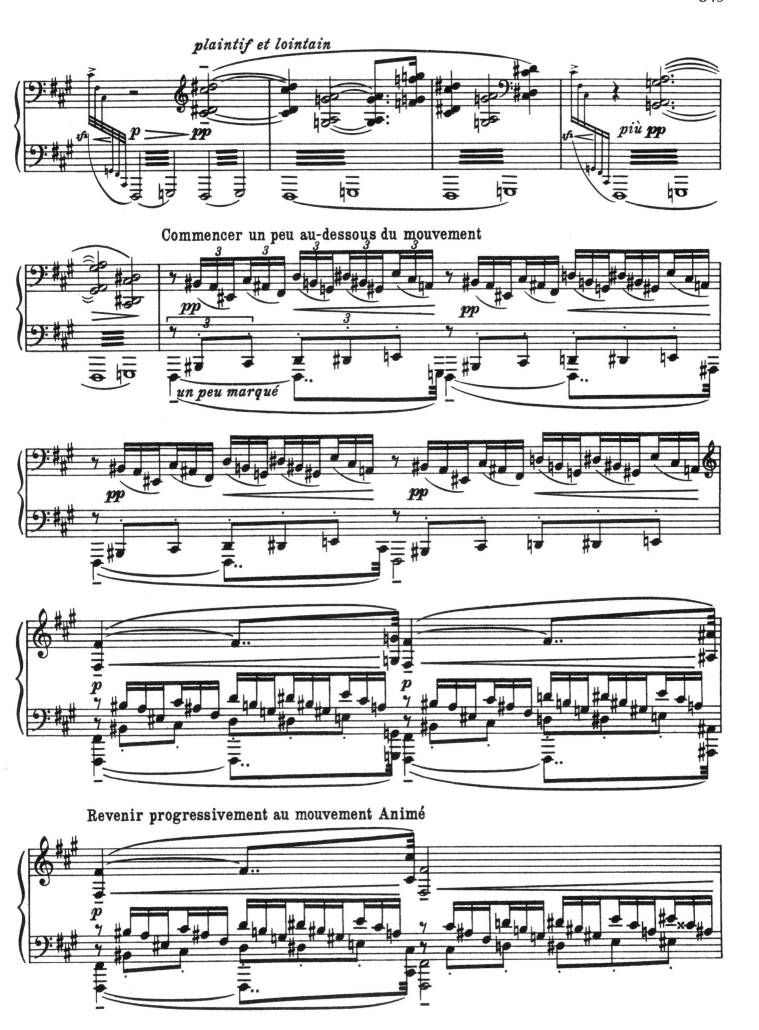

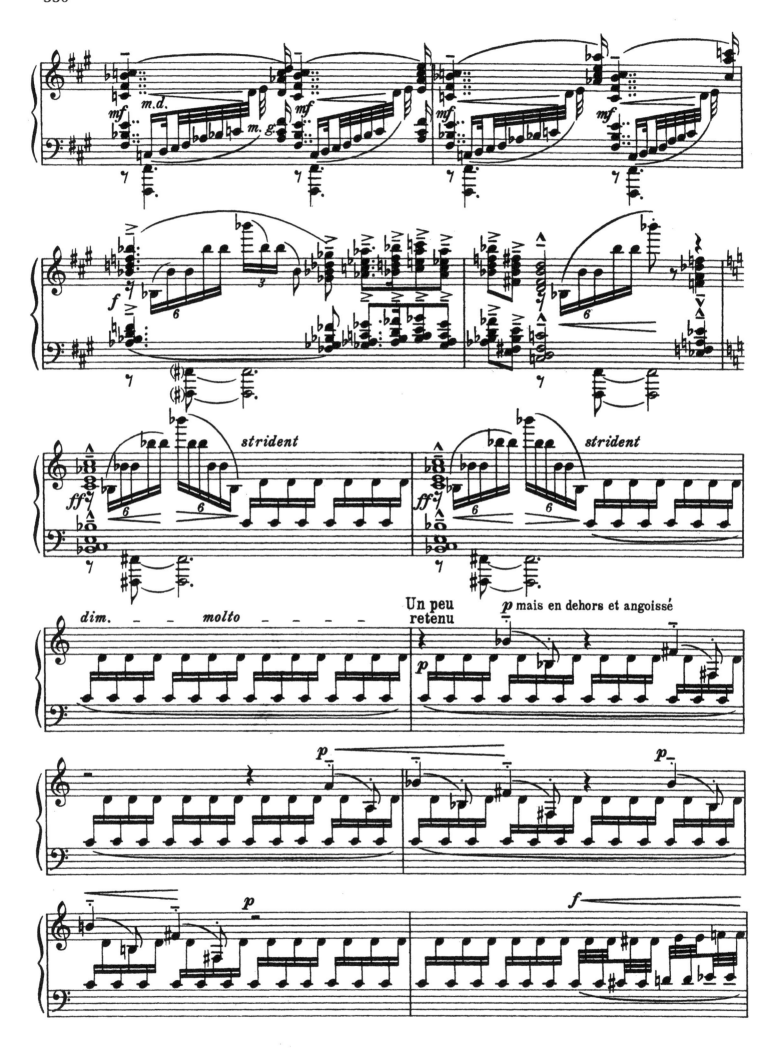

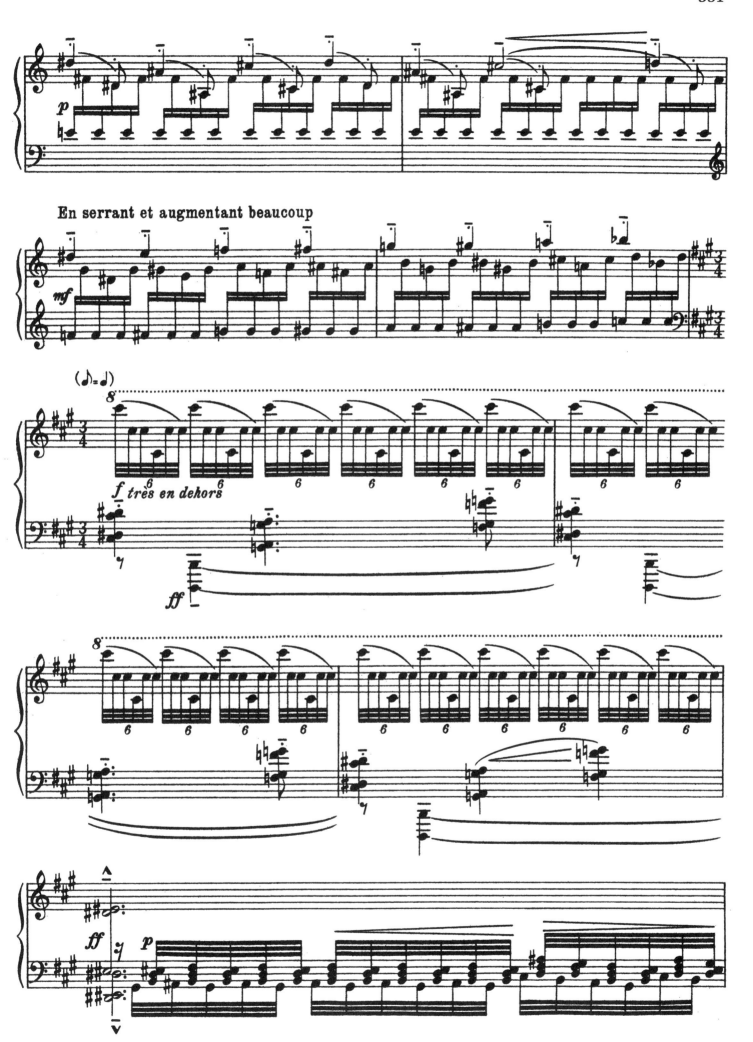

En serrant et augmentant beaucoup

(...Ce qu'a vu le Vent d'Ouest)

VIII...

Très calme et doucement expressif (♩=66)

(...La fille aux cheveux de lin)

IX...

(...La sérénade interrompue)

X...

Profondément calme (Dans une brume doucement sonore)

*) Doux et fluide

*) Debussy, in his piano-roll recording (Welte-Mignon), played measures 7–12 and 22–83 in double speed.

au Mouvement

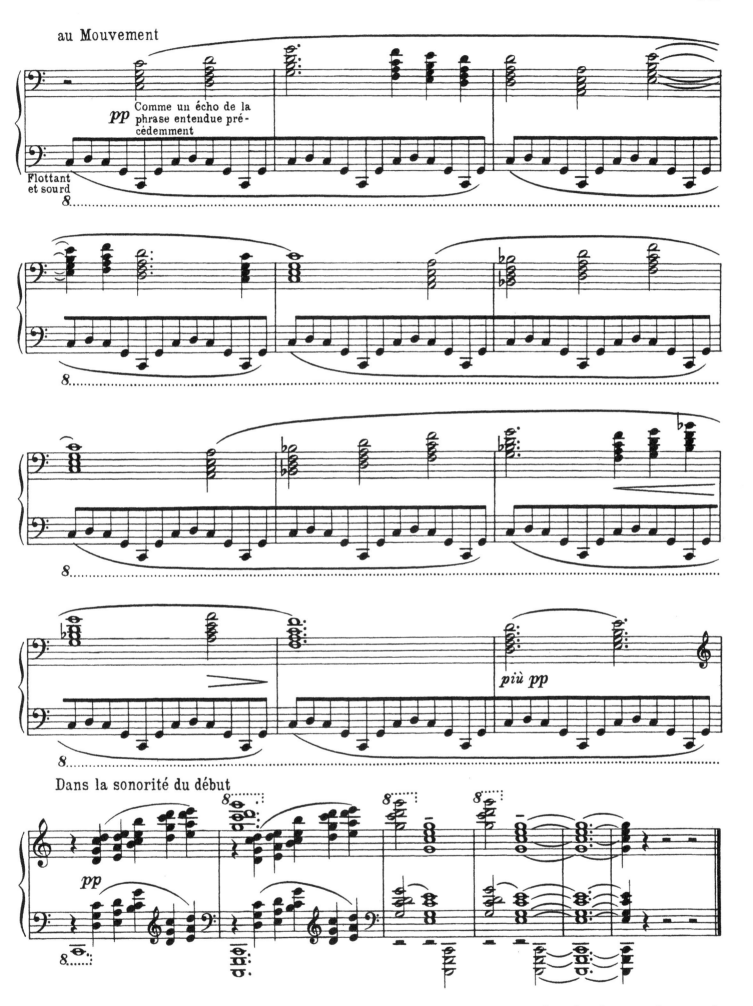

(...La Cathédrale engloutie)

XI...

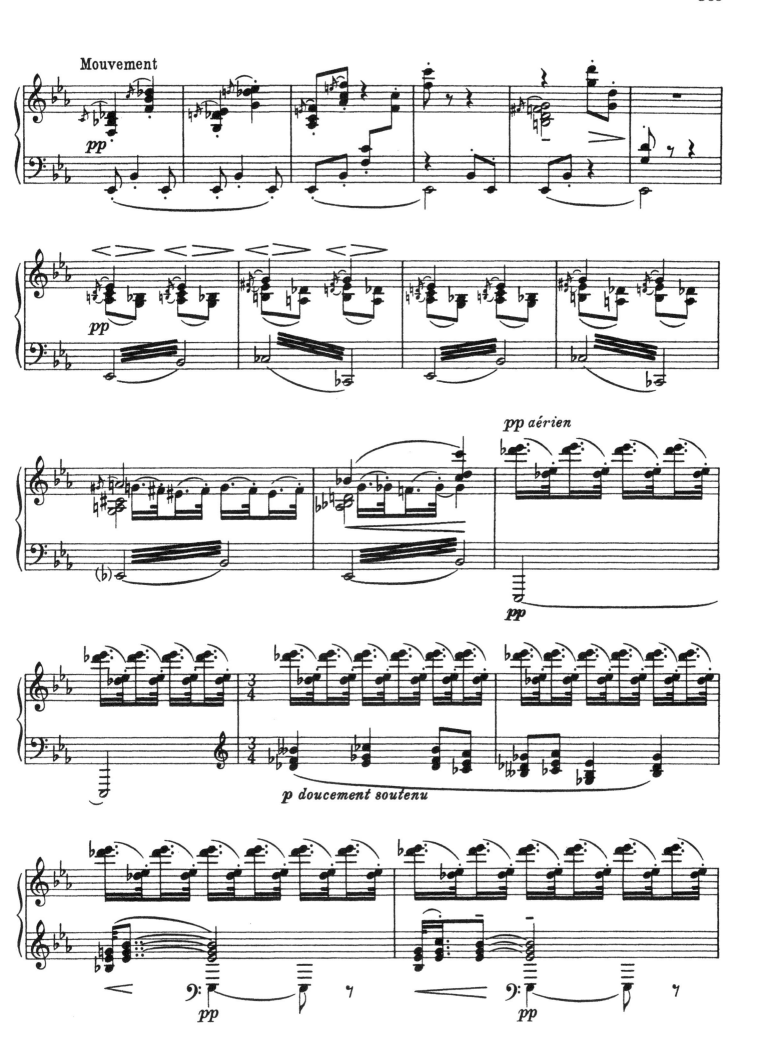

(...La danse de Puck)

(...Minstrels)

PRÈLUDES
Livre II

Claude Debussy

I...

Modéré
extrêmement égal et léger
la m. g. un peu en valeur sur la m. d.

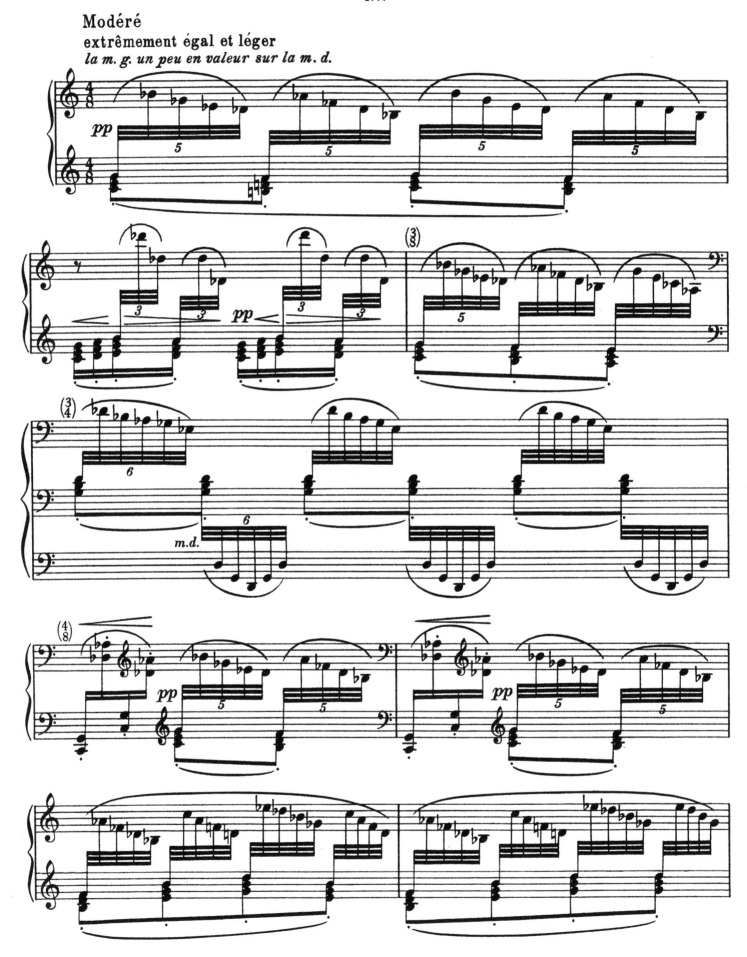

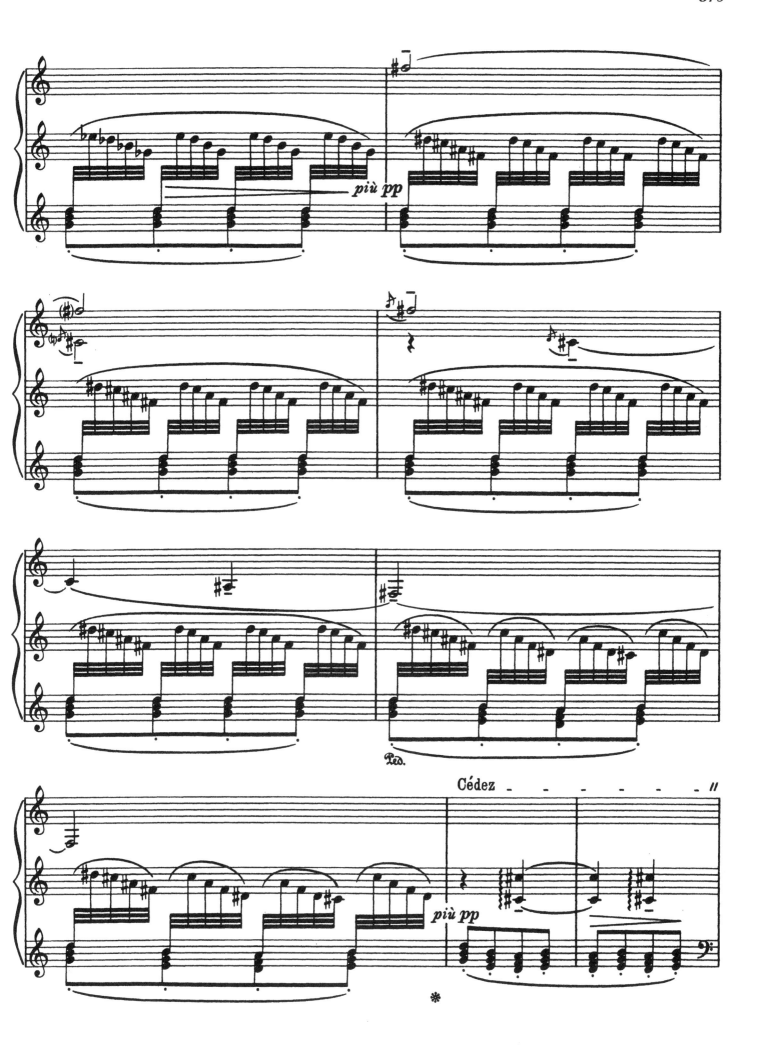

(...Brouillards)

II...

Un peu plus allant et plus gravement expressif

(...Feuilles mortes)

III...

Mouvement de Habanera
avec de brusques oppositions d'extrême
violence et de passionnée douceur

(...La Puerta del vino)

IV...

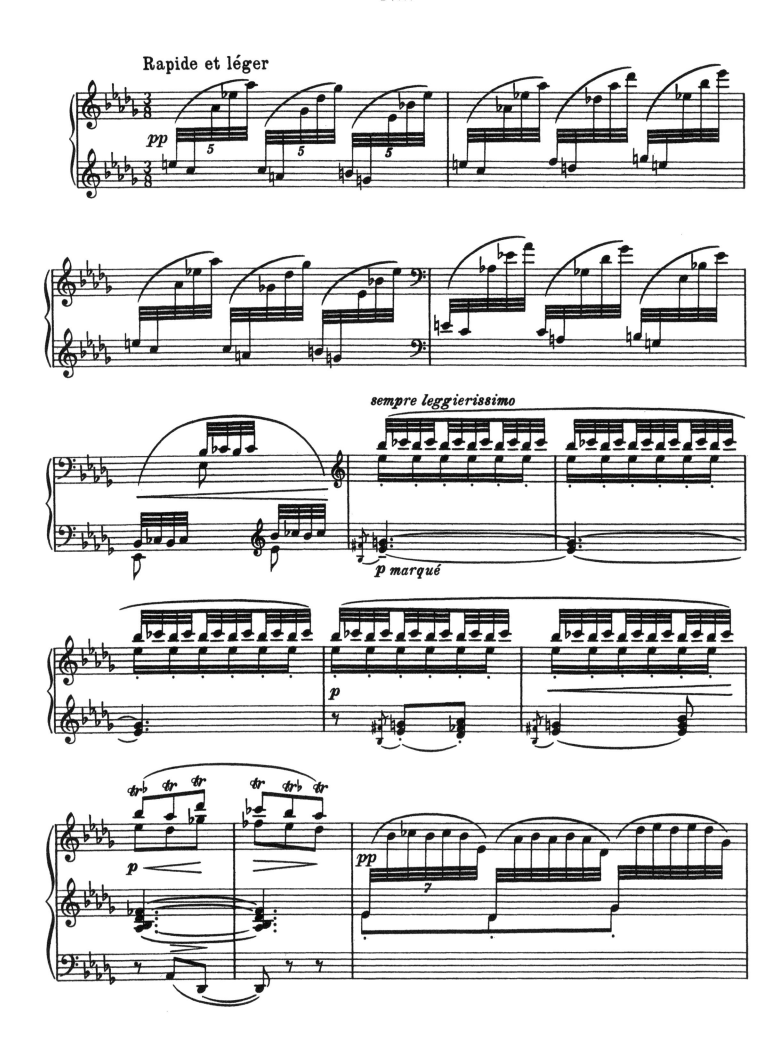

(..."Les fées sont d'exquises danseuses")

V...

Calme – Doucement expressif ♩= 66

(...Bruyères)

VI...

Dans le style et le Mouvement d'un Cake-Walk

Spirituel et discret

(..."General Lavine"–excentric)

VII...

410

(...La terrasse des audiences du clair de lune)

VIII...

Mouvement

simile

(...Ondine)

IX...

Animez peu à peu

(...Hommage à S. Pickwick Esq. P.P.M.P.C.)

X...

(...Canope)

XI…

Modérément animé

Cédez

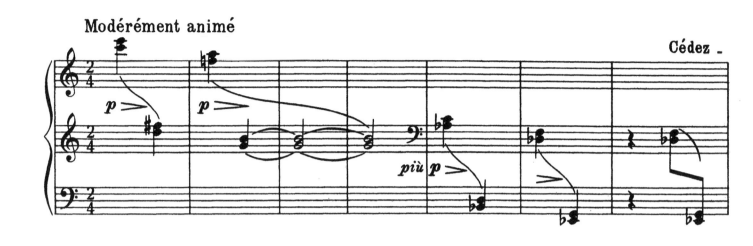

//**Un peu plus animé**
légèrement détaché sans sécheresse;
les notes marquées du signe - doucement timbrées

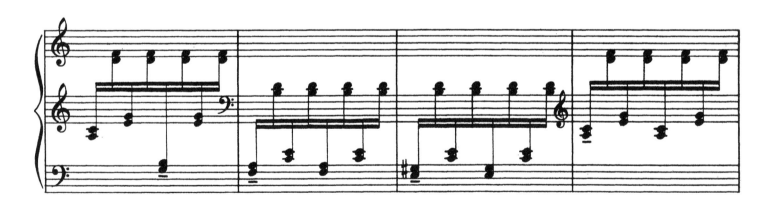

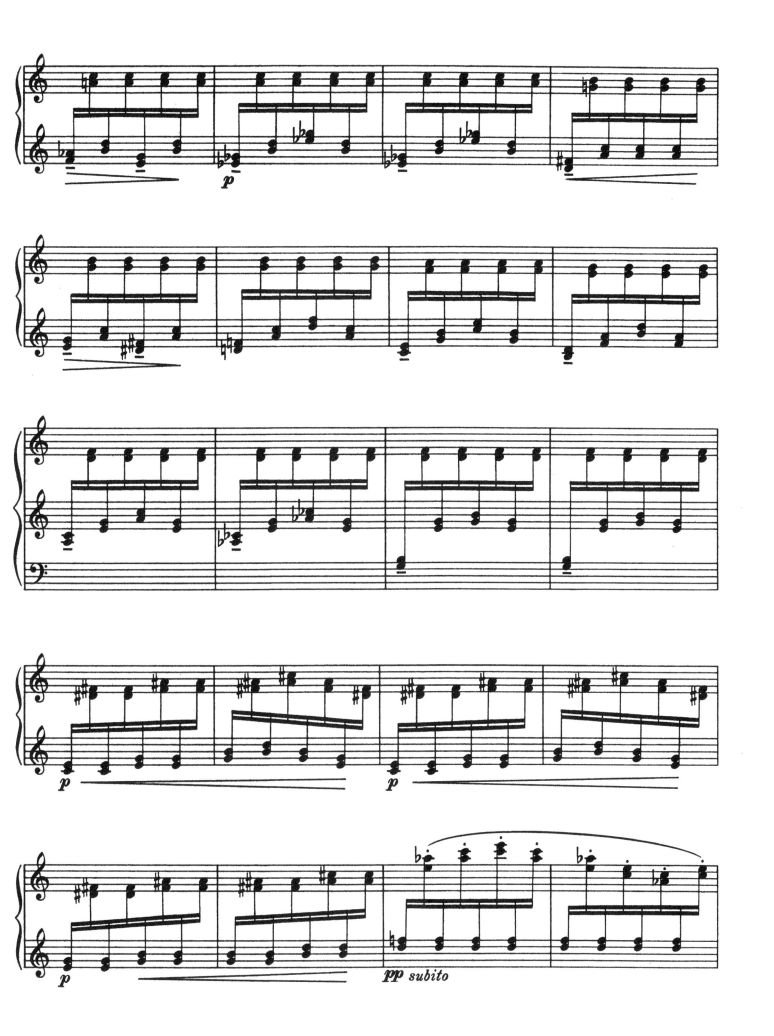

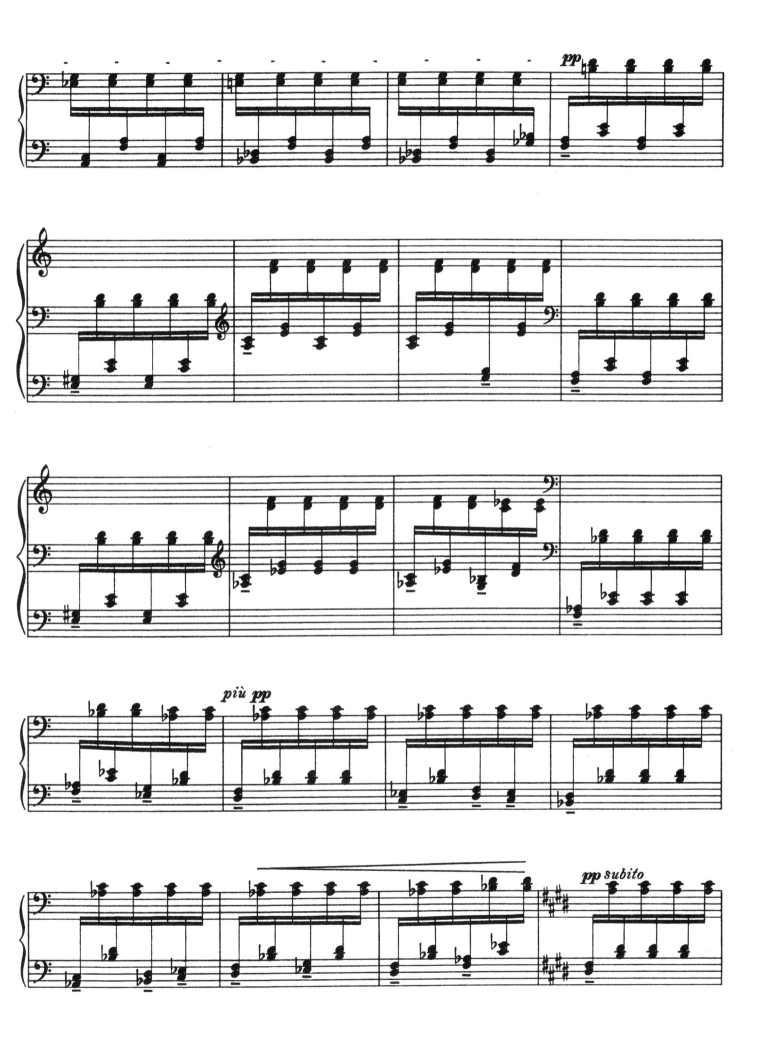

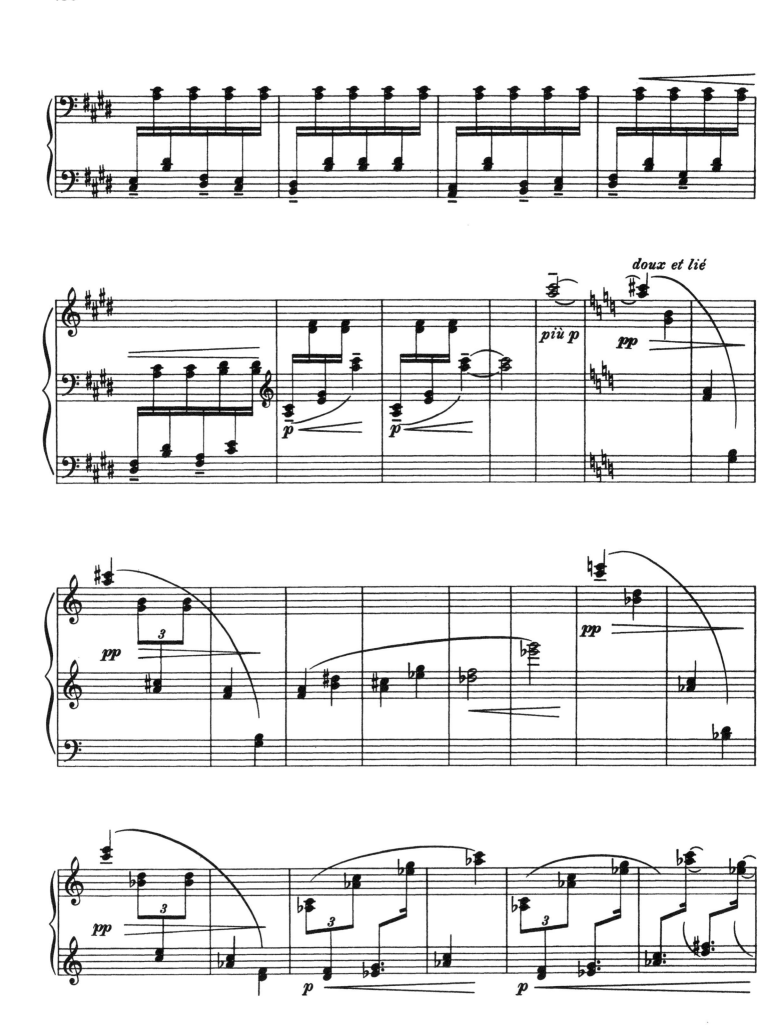

au Mouvement

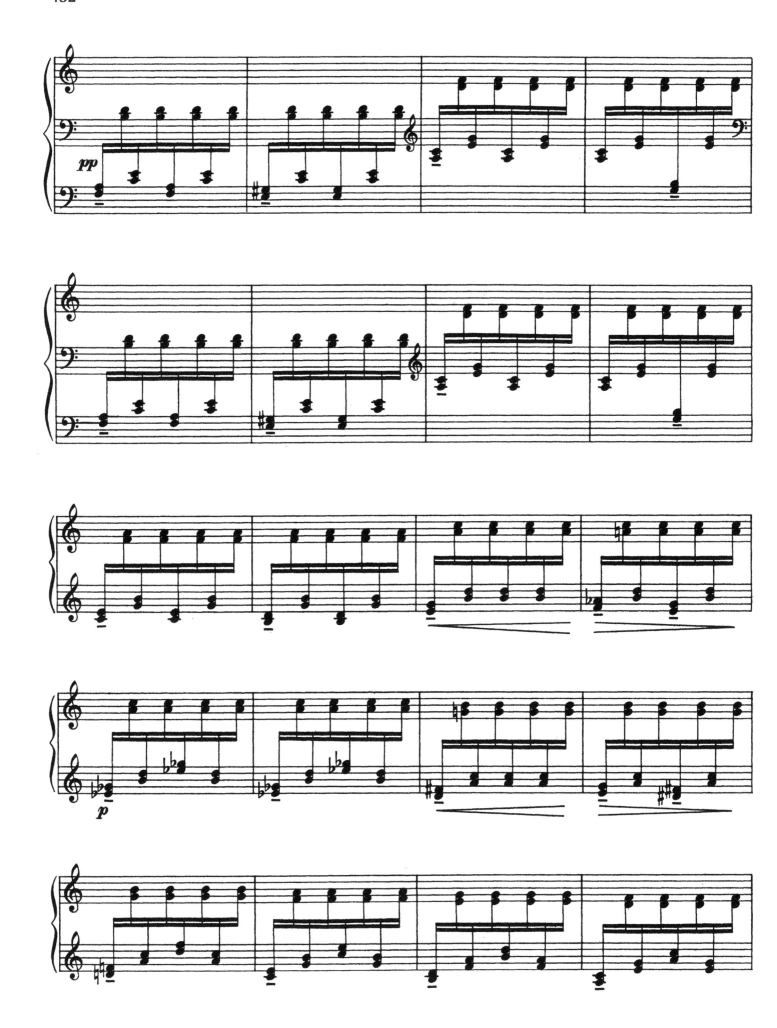

(...Les tierces alternées)

XII…

Modérément animé
léger, égal et lointain

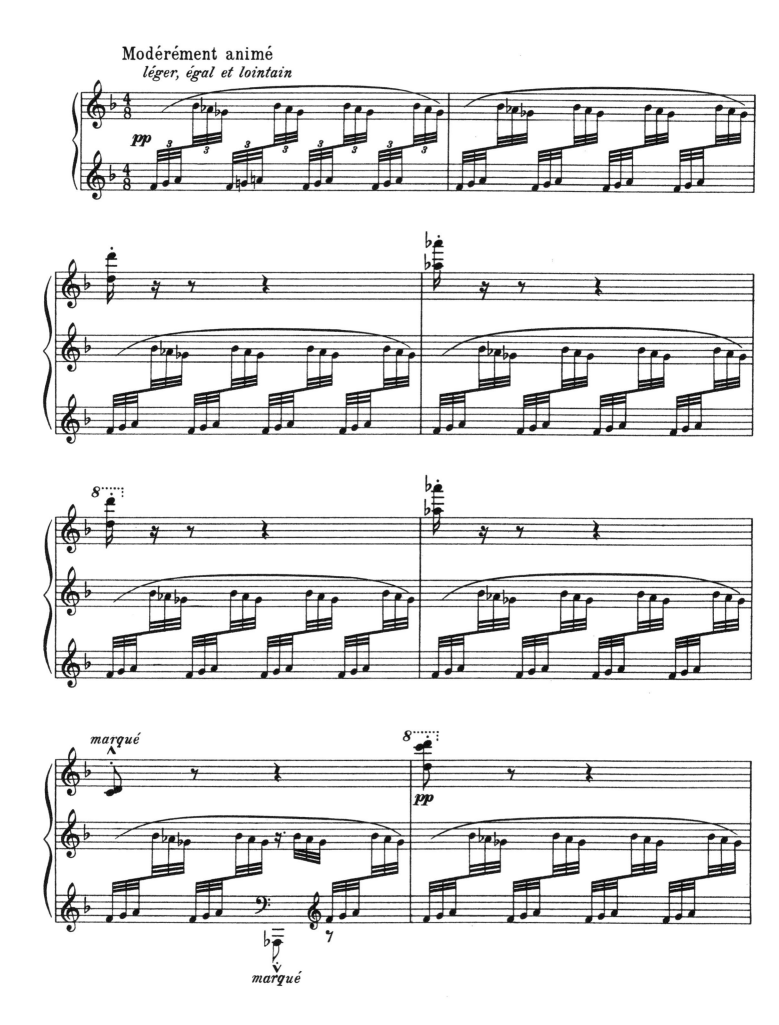

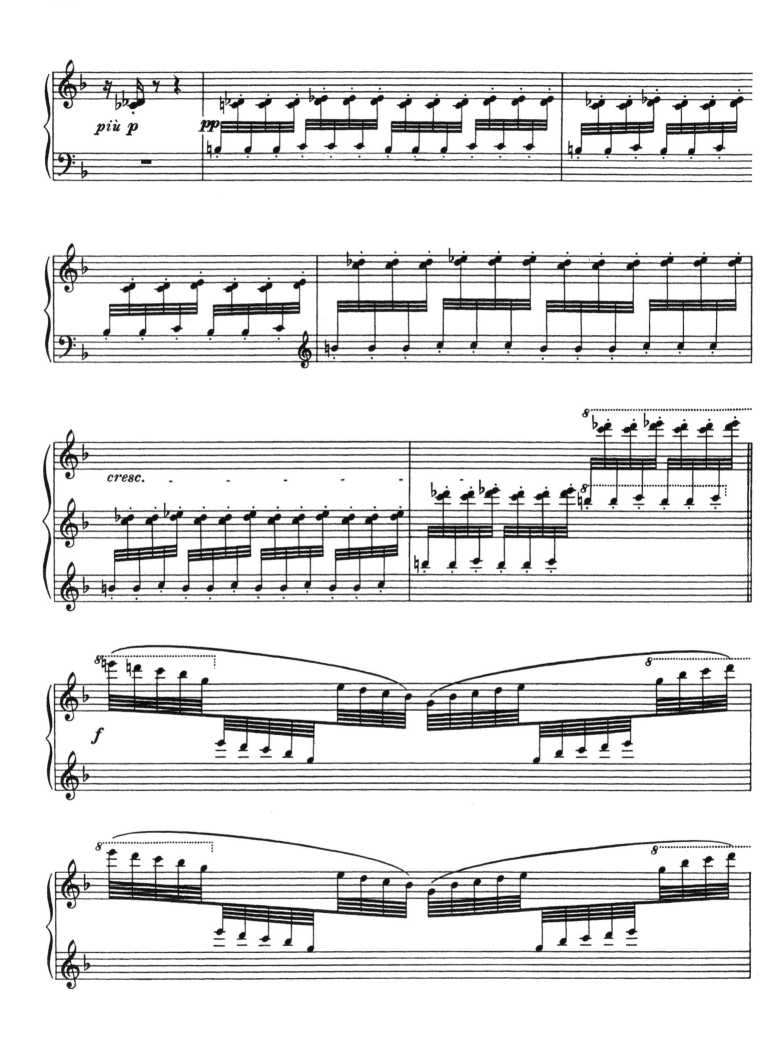

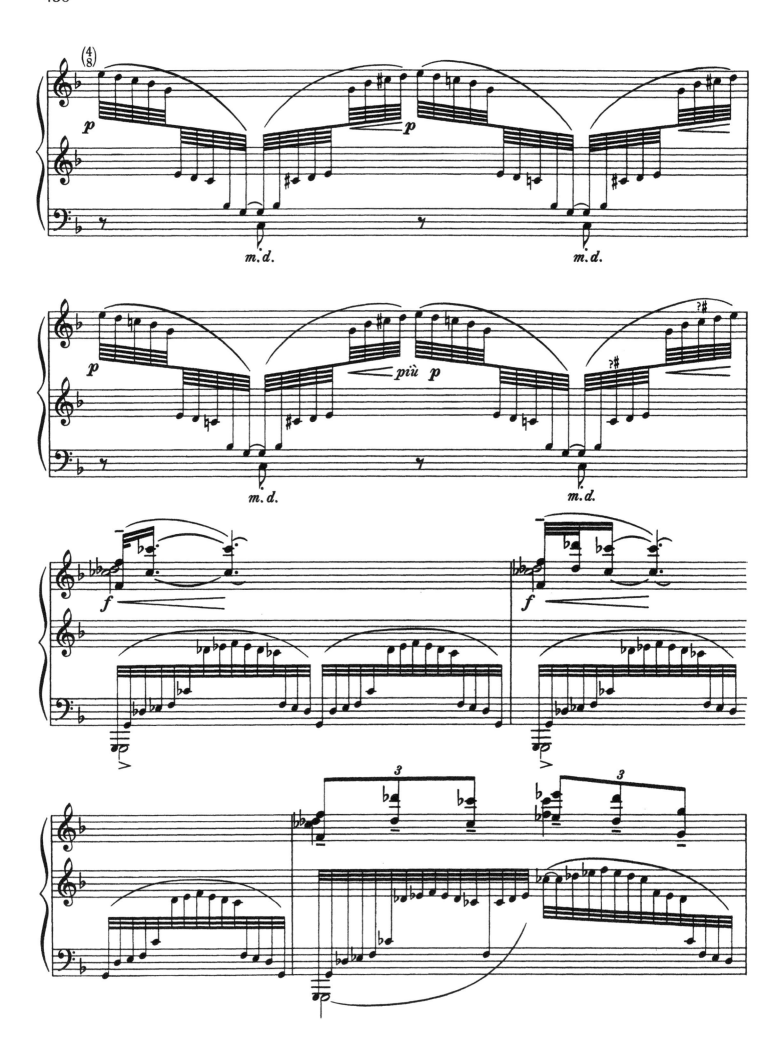

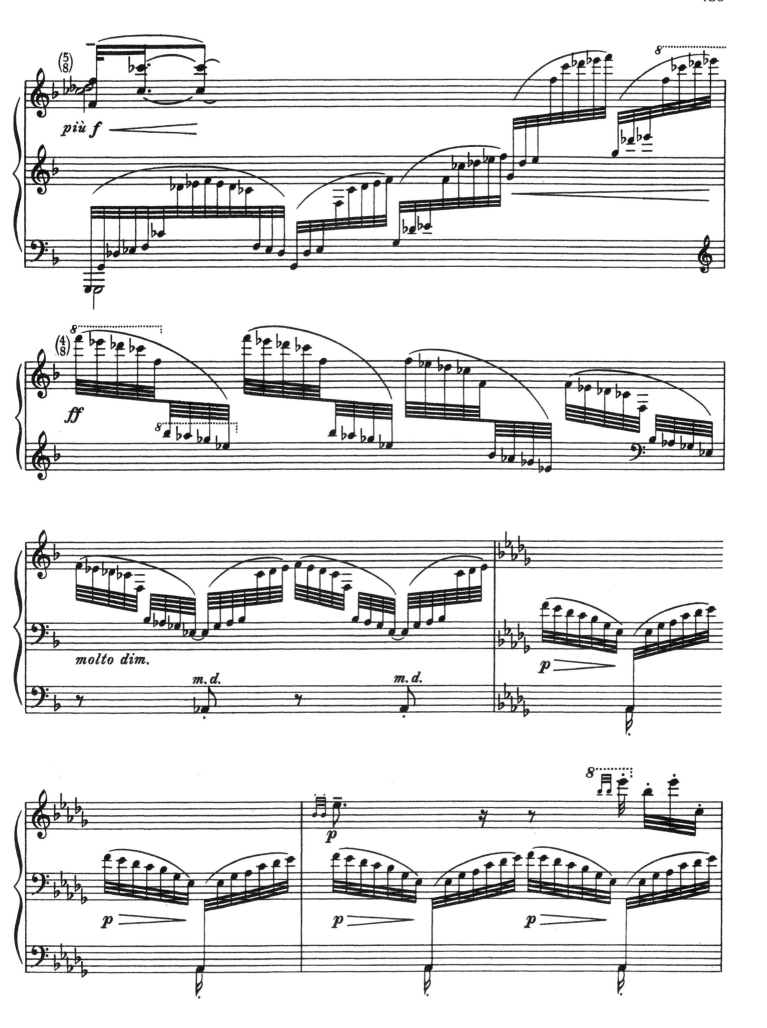

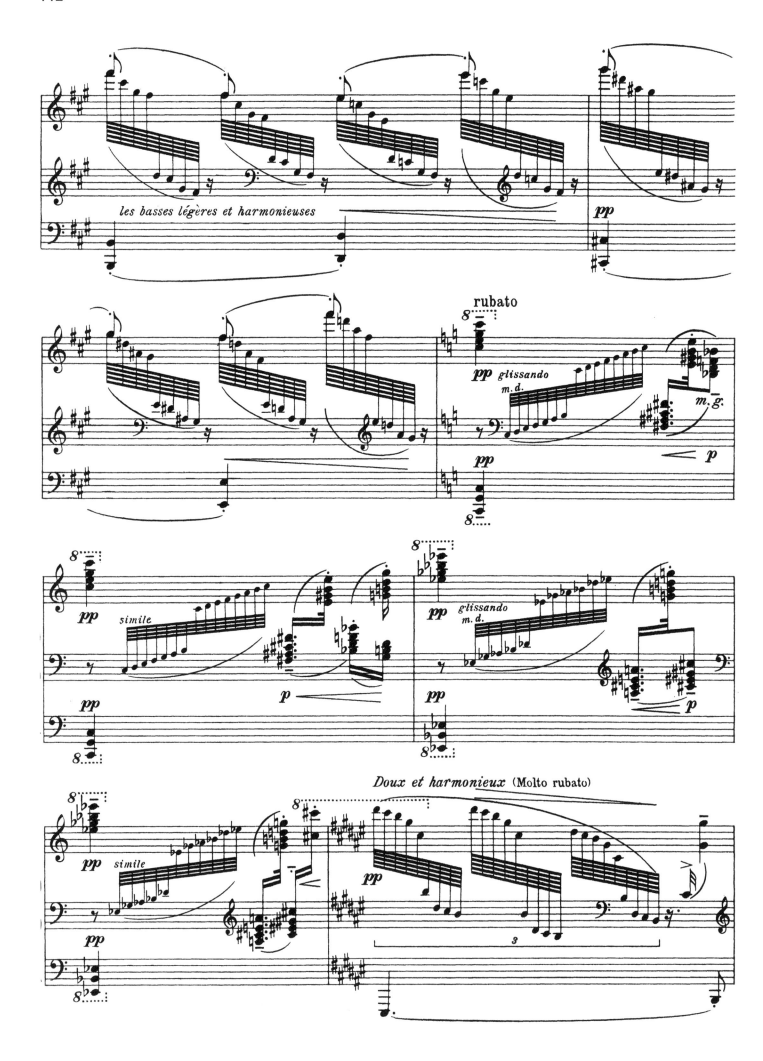

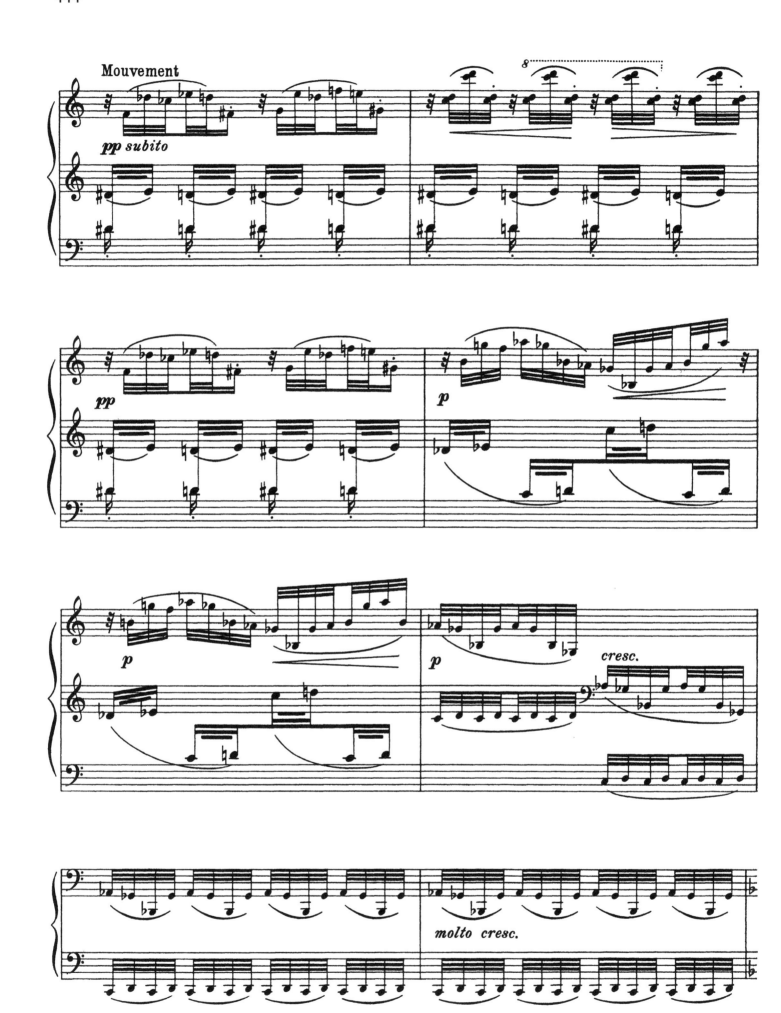

(...Feux d'artifice)

RÊVERIE

Claude Debussy

SUITE BERGAMASQUE
Prélude

Claude Debussy

Moderato *(tempo rubato)*

Menuet

Andante
pp et très délicatement (very soft and delicately)

Clair de lune

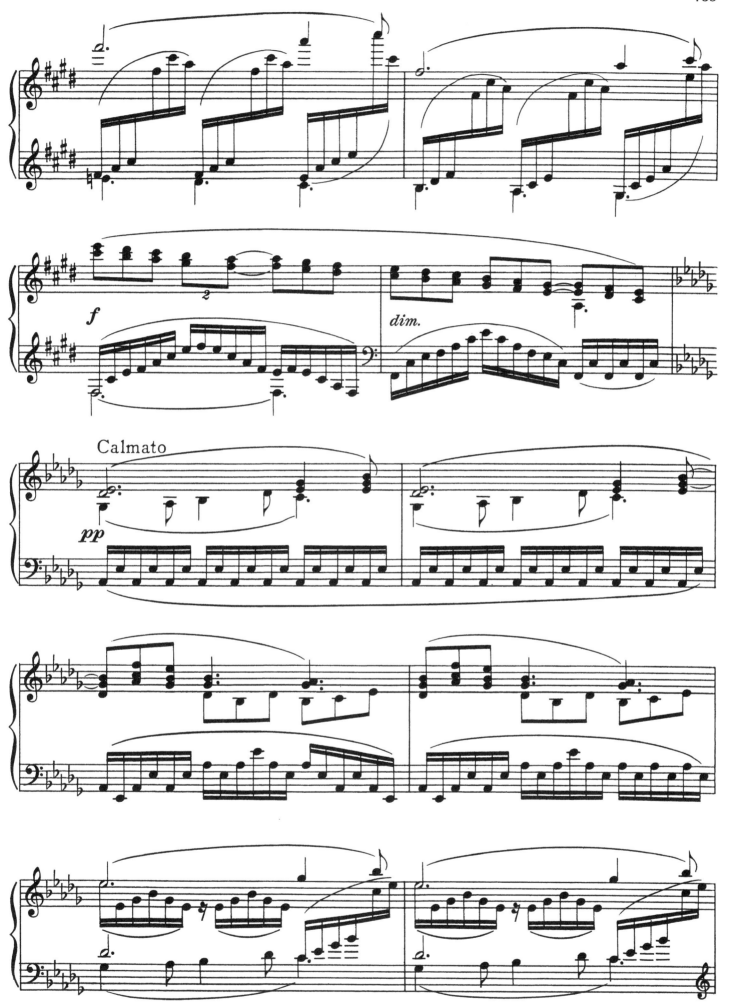

Passepied

VALSE ROMANTIQUE

Claude Debussy